NAÎTRE
GRANDIR
DEVENIR

CAHIER N° 3

HÉLÈNE SALLEZ
BERNARD THIS

W0363480

Tous Jaloux ?

Lorsqu'un autre enfant paraît

BELIN

Naître, grandir, devenir
Collection dirigée par Agnès Grison et Danielle Rapoport

Dans la même collection :

Jean-Vital de Monléon, *Naître là-bas, grandir ici. L'adoption internationale*

Danielle Rapoport, Anne Roubergue-Schlumberger
Blanche-Neige, les sept nains et... autres maltraitances.
La croissance empêchée

Jean-Paul Dommergues, Guy Leverger et Danielle Rapoport
Droit de savoir, savoir dire. L'enfant malade

Les Cahiers

Cahier n° 1. Olivier Fresco, *Entendre la douleur du nouveau-né. Aux confins de l'oubli.*

Cahier n° 2. Claude Suzanne Didier-Jeanjouveau, James McKenna, Jacky Israël, *Comment dorment les bébés. Pour ou contre le sommeil partagé.*

Photographie de couverture : Gabriel et Miguel, collection particulière.

Le code de la propriété intellectuelle n'autorise que « les copies ou reproductions strictement réservées à l'usage privé du copiste et non destinées à une utilisation collective » [article L. 122-5] ; il autorise également les courtes citations effectuées dans un but d'exemple ou d'illustration. En revanche « toute représentation ou reproduction intégrale ou partielle, sans le consentement de l'auteur ou de ses ayants droit ou ayants cause, est illicite » [article L. 122-4].
La loi 95-4 du 3 janvier 1994 a confié au C.F.C. (Centre français de l'exploitation du droit de copie, 20, rue des Grands-Augustins, 75006 Paris), l'exclusivité de la gestion du droit de reprographie. Toute photocopie d'œuvres protégées, exécutée sans son accord préalable, constitue une contrefaçon sanctionnée par les articles 425 et suivants du Code pénal.

© Éditions Belin, 2005 ISSN 1760-3390 ISBN 2-7011-3768-3

NAÎTRE
GRANDIR
DEVENIR

Les Cahiers

La collection « Naître, grandir, devenir » a ouvert un espace de réflexions et d'échanges pluridisciplinaires qui s'enracine dans le nouveau concept de *bientraitance*, de l'aube de la vie à l'entrée dans la parentalité. Émanation du Groupe de recherches et d'études autour de la naissance et du nouveau-né, ces Cahiers souhaitent être un porte-parole des engagements, des débats et des mises au point qui s'expriment librement lors des rencontres du GRENN, sans prétendre être exhaustifs ou détenteurs d'une seule vérité. Des Cahiers pour être annotés, transmis de main en main, tisser des liens avec tous ceux qui sont concernés par l'évolution actuelle de notre manière d'accueillir un enfant et ses parents. Et, d'une publication à l'autre, pour laisser sa place à un dialogue épistolaire qui prolongera nos rencontres...

Bernard This,
fondateur du GRENN

Les Cahiers de « Naître, grandir, devenir »
Éditions Belin, 8 rue Férou, 75006 PARIS
Directeur de publication : Bernard This
Comité de rédaction : Jean Bégoin, Dominique Boussat-Létard, Colette Decoux, Albert Goldberg, Jacky Israël, Colette Malissard, Danielle Rapoport, Georgette Tinjod.

1

Jalousie, rivalité, envie, dépit : de la mythologie à la psychanalyse

Bernard This

Débattre dans le cadre du GRENN de la jalousie, et vouloir en témoigner ici, quelle curieuse idée ! C'est un sujet si bien décrit qu'il peut paraître dépassé, tant nous savons tous combien, dès qu'un enfant s'annonce dans une famille, le besoin d'être sécurisé s'affirme et les réactions affectives des aînés se multiplient : « Et moi, vont-ils encore m'aimer ? » Dans les lieux d'accueil de la petite enfance, nous connaissons bien ces incessants comportements de prestance, de mouvements d'envie ou de dépit qui préfigurent si singulièrement les rivalités toujours renouvelées des adultes, et qui ne sont pas sans rappeler le monde animal, comme dominé par des nécessités hiérarchiques quasi programmées !

Mais justement : pourquoi les humains seraient-ils, eux aussi, condamnés à de perpétuels affrontements dès leur plus tendre enfance ? Seraient-ils naturellement et nécessairement jaloux, et ce hors de toute évolution possible ? Sous les regards croisés d'Hélène Sallez et de moi-même, d'une femme et d'un homme, que nous apprennent sur cette sorte d'inexorabilité les mythes fondateurs de notre culture, les croyances aux origines de nos coutumes sociofamiliales et de nos attitudes éducatives ? Quelles perspectives nouvelles s'ouvrent à nous lorsque la clinique psychanalytique et psychothérapique les remet fondamentalement en question, et qu'un autre accueil interhumain en relativise toutes les conceptions reçues ?

Nous devons beaucoup à Augustin, ce Tunisien converti au christianisme, après avoir vécu, dans un jardin de Cassiaciacum, une expérience bouleversante : son ami s'étant éloigné, il s'était senti abandonné et, tandis qu'il était envahi de larmes, il entendit la voix d'un enfant inconnu qui chantait et répétait : « Prends et lis, prends et lis ! » Étouffant ses sanglots, il prit un livre qui se trouvait à portée de sa main, les *Épîtres* de Saint Paul, et en lut le premier passage qui tomba sous ses yeux : « Ni dans les festins et les excès de vin, ni dans les voluptés impudiques, ni dans les querelles et les jalousies » ! Alors une certitude illumina son cœur. En effet, il avait toujours soutenu que le mal n'était que privation, manque, pure absence. Il avait maintenant présent à l'esprit une phrase de Saint Paul : « Il est en mon pouvoir de vouloir, mais pas d'accomplir le bien. De sorte que je ne fais pas le bien que je veux, et je fais le mal que je ne veux pas. Mais si je fais ce que je ne veux pas, ce n'est pas moi qui agis, c'est la force du péché qui habite en moi. » L'inconscient était-il déjà à l'œuvre ? Le mal, présence obscure et menaçante, nous habiterait-il ainsi, sans notre volonté et notre conscience ? Il découvrait qu'il avait péché à peine né, puisque, pâle, le regard plein d'amertume, il avait envié son frère qui tétait le lait du sein maternel. La jalousie étant un péché, il avait continué dans cette voie, aimant le jeu et les spectacles frivoles. Et depuis, son âme était déchirée…

Si je convie saint Augustin pour ouvrir ce Cahier, c'est peut-être parce que son nom – à partir du latin *augere*, faire croître – nous promet d'augmenter les forces de la vie. Mais ce n'est certes pas pour nous prêcher la vertu et le GRENN ne s'est pas converti subitement à quelque religion de l'amour divin ! C'est surtout parce que le mérite de Saint Augustin fut de nous donner, dans ses *Confessions*, la première description clinique de l'*invidia* – l'envie – sans la réduire ici à un défaut ou un péché grave. La traduction de la phrase latine, « *Vidi ego et expertus sum zelantem parvulum : nondum loquebatur et intuebatur pallidus amaro aspectu conlacteum suum* »[1], nous dit : « J'ai vu et observé un petit enfant jaloux : il ne parlait pas encore et il ne pouvait pas sans pâlir arrêter son regard au spectacle amer de son frère de lait. »

Nous aurions pu tous l'écrire aussi bien sur n'importe quel tout petit en proie à la jalousie !… N'est-ce pas ce que nous observons dans notre pratique quotidienne ?

En passant par la Maison Verte

Qui n'a pas entendu parler de ce lieu d'accueil[2], fondé en 1979 à l'initiative de Françoise Dolto et de moi-même[3] ? Depuis, il s'en est créé bien d'autres, animés par le même état d'esprit : ouverture à tous, sans limitation de temps ou de fréquence et sans dossier administratif ou médicalisé, liberté de parole et, en présence des parents, sécurisation et socialisation des tout-petits.

Paul, un enfant de 16 mois, ayant senti que sa mère était enceinte, marche à quatre pattes en direction d'une plante verte, un pot de papyrus, et il en casse une tige. Son père s'en aperçoit, et prenant l'enfant dans ses bras, lui dit : « Non, il ne faut pas casser la tige du papyrus ! » L'enfant se laisse emmener dans un autre coin de la pièce, mais le père ayant à peine détourné les yeux, Paul s'empresse de rejoindre l'objet tentateur pour casser une deuxième tige, sans dire un mot. Son père le reprend et l'emmène dans une autre pièce, renouvelant l'interdit. Quelques jours plus tard, il est devant le tableau fixé au mur de sa chambre. Et, crayon en main, il parle à sa maman en dessinant un petit cercle : « Tite bille », dit-il. Puis, en insistant, il trace un deuxième cercle autour du premier, en disant : « Tite maman ». Ce qui attire l'attention du père, qui s'approche. Alors, généreusement, largement, un troisième cercle vient englober les deux autres, et il dit en souriant : « Grosse maman ». Effectivement, sa mère était enceinte de quelques mois, et ses parents ne lui avaient encore rien dit, pensant qu'ils avaient bien le temps de lui annoncer la nouvelle.

Mais, lui, n'avait-il pas besoin d'exprimer ce qu'il avait perçu, pour être rassuré ? Il convenait de lui dire : « Oui, tu as bien compris qu'un bébé était dans le ventre de ta maman, mais tu sais, ce n'est pas pour tout de suite, il faut encore qu'il grandisse dans le ventre pendant plusieurs mois avant de sortir et de venir au monde, pour qu'il apporte son "cadeau de naissance" au grand frère ». Mais *dire* ne suffit pas, l'enfant ayant, à ce moment, besoin de beaucoup plus de câlins sécurisants. « Plus un enfant grandit, plus son papa et sa maman l'aiment », voilà ce qu'il a besoin d'entendre !

Comment un enfant peut-il savoir que sa mère est enceinte ? A-t-il entendu ses parents et amis en parler ? A-t-il senti olfactivement les modifications hormonales maternelles, la progestérone étant une substance olfactivement perceptible ? En témoigne, dans l'expérience d'un couple et de leurs deux chats, la perception d'un début de grossesse : un homme s'allonge pour faire une petite sieste, et le chat de la maison vient sur le bas de son ventre pour y ronronner, alors que d'habitude, il ne recherche pas ce contact. Cet homme ne fait jamais de sieste. Pourquoi ce chat s'est-il allongé et endormi sur lui ? Il en est tout étonné et en parle à sa femme, qui lui confie que la petite chatte est venue ronronner sur son ventre lorsqu'elle s'est allongée. Alors, malicieusement, son mari sourit : « Toi, tu es enceinte ! » Un test de grossesse se révéla positif ; il est en effet bien connu des vétérinaires que les animaux domestiques sont particulièrement sensibles à la progestérone.

À la Maison Verte, pourquoi certains enfants ferment-ils la double porte qui sépare la première pièce d'entrée de la salle de séjour des parents et des bébés ? C'est devenu pour nous un test de grossesse ! Nous pensons aussitôt qu'il y a « anguille sous roche », possibilité de naissance à venir. Comme ce n'est pas une certitude, nous n'en parlons pas, par discrétion et respect de la liberté de ceux qui viennent en ce lieu. Quand nous distribuons des ballons colorés et bien gonflés, les enfants jouent avec, les lançant en l'air, et ces jeux peuvent durer longtemps. Mais certains d'entre eux s'arrangent pour que leur ballon éclate plus ou moins rapidement. Ainsi, Guillaume prend même dans sa bouche le nœud de fermeture et, le secouant de tous côtés, il le fait éclater.

Quelques-uns paraissent consternés, d'autres sont étonnés, d'autres encore s'en réjouissent ! De même, quand leur mère est enceinte, la montée de l'agressivité dans les relations de dominance nous indique qu'il se passe à ce moment des phénomènes que nous aurions intérêt à ne pas ignorer. Certes, le fait que certains enfants s'empressent, dans le jardin des grands-parents, de supprimer tous les bourgeons du poirier ou la pointe des iris en période de floraison n'est pas la preuve qu'ils veulent détruire le végétatif en croissance, mais ouvrons les yeux !

Ainsi, une jeune mère me fait remarquer que son enfant se laisse faire par les plus grands qui lui prennent ses jouets sans qu'il proteste : « Philippe est trop gentil, vous voyez, je n'arriverai jamais à en faire un homme ! » Après les grandes vacances, l'enfant si doux revient à la Maison Verte, et sa maman s'assoit à côté de moi comme si elle avait quelque chose à me dire. Nous suivons Philippe du regard : il vient de grimper à l'échelle prestement, en passant devant une petite fille, puis il descend de l'autre côté en bousculant un copain qui voulait y monter. En passant près de Jean, il lui enlève l'animal qu'il avait dans les mains sans lui laisser le temps de réagir. Puis, fermant la porte avec application, il pousse du pied un poupon abandonné là. Alors, que doit-on en conclure ? Philippe est-il en train de sentir la venue d'un autre bébé ou a-t-il simplement grimpé dans la hiérarchie des petits mâles agressifs ? Je sais que cette expression déplaît à ceux qui rêvent d'un paradis de la petite enfance, d'un jardin enchanté où les agneaux jouent avec les loups, et où les enfants ne sont pas des poussins dont les coups de bec établissent rapidement la dominance. Mais observons la réalité du comportement de certains enfants : ils griffent, mordent, tirent les cheveux, et c'est la terreur ! Parfois, les difficultés sont plus feutrées, la souffrance est moins évidente, l'insécurité semble moins importante. Pour Philippe, ce n'est sûrement pas le manque d'affection qui est au premier plan, mais incontestablement cet enfant si paisible a changé. « Il a pris de l'assurance ! Vous avez vu, il vient même de prendre la girafe que cette petite fille avait dans les mains. » La maman en convient : « Il est devenu plus indépendant, il s'occupe plus de son père et moins de moi ! Pourquoi ? » Je réponds par un sourire, sans rien dire, puisque j'attends ce que je sais déjà et qu'elle me confie : « Vous savez, il y a du changement dans la famille, un enfant est "à naître", comme vous dites, mais j'en suis au tout début et vous croyez que je peux déjà le lui annoncer ? » À ce moment, Philippe arrive près de sa mère qui l'accueille à bras ouverts, mais il ne semble pas avoir envie d'y rester. Il me regarde : je suis assis sur le sol, à son niveau, disponible pour jouer. Il ramasse un baigneur sur le sol et me le présente sans rien dire… Sa mère comprend ! Sourires. Il n'y a rien à dire, il sait, mais je laisse à son père et sa mère le plaisir d'en parler.

Le jeudi suivant, elle revient à la Maison Verte, m'expliquant que, le soir même, elle a raconté à son mari son après-midi avec Philippe. Alors, ils ont parlé avec leur petit garçon de la naissance à venir, et ce fut beaucoup plus simple qu'ils ne l'avaient pensé. Philippe avait aussitôt questionné :

« Moi aussi, j'étais un petit bébé dans ton ventre ?

– Mais oui, pendant neuf mois !

– Et toi papa, tu étais aussi un petit bébé ?

– Oui, mais j'ai bien grandi ! C'est facile d'être un grand frère, et plus tard, un papa ».

La maman enchaîne aussitôt : « Si ton papa ne m'avait pas donné tout ce qu'il faut pour que tu sois un beau bébé, je n'aurais pas eu la joie de te mettre au monde ! » Il a voulu alors que je lui raconte l'histoire de sa naissance et nous avons repris son album de photos.

Ce que cette jeune maman voulait savoir, c'est comment son fils avait deviné qu'elle était enceinte, et pourquoi, moi aussi, je le savais ? Nous avons évoqué les premiers signes de la grossesse, gonflement de la poitrine, geste de la main sur le ventre, dégoût du tabac, besoin de dormir, sans compter les réactions des aînés et des proches. Et les autres mères, amusées, énuméraient la litanie des signes de grossesse chez leur enfant : portes fermées, troubles du sommeil, cauchemars, peur de l'obscurité, pipi au lit, succion du pouce, dessins qui s'arrondissent et contiennent des petits cercles, quand ce ne sont pas des points, ou encore les trous dans la pâte à modeler, à l'aide d'un crayon, ou dans un papier percé répétitivement. Et surtout, ces retours plus fréquents dans les bras du père et de la mère, comme s'il s'agissait de s'assurer de l'amour des parents, pour être sûr de n'être pas abandonné… Une maman ajoutait : « Il suffit d'ouvrir les yeux pour se rendre compte de l'inquiétude des enfants qui modifient leurs jeux, leur façon de vivre, de dormir, de manger. On dirait des petits rois qui ont peur d'être détrônés, comme s'ils étaient déjà jaloux ? »

En fait, les enfants s'extériorisent et il est inutile de s'indigner ou de moraliser. L'important est de respecter ce droit d'expression élémentaire et de les aider à verbaliser ce qu'ils ressentent pour mieux le dépasser. Pourquoi ne pas s'amuser quand ils racontent, eux aussi, des histoires, inventées pour vous, et jouées parfois à l'aide de leurs peluches et de leurs poupées ? Steven s'approche de moi avec un baigneur, alors que j'ai un biberon dans les mains.

« On en donne au bébé ?

– Non ! Non !

– Alors, il aura faim ?

– Oui, pas de biberon ! ».

Et je n'ai guère eu le temps de pousser plus loin mon psychodrame interrogateur dans ce jeu mené par l'enfant : à peine avais-je placé le baigneur en équilibre sur mon genou que, d'un geste décidé, il l'a envoyé en l'air. Boum ! Il est venu atterrir dans les bras de Marie, petite fille étonnée de cette violence, mais ravie de l'exploit : ses bras se sont aussitôt refermés sur ce bébé disponible !

C'est ça, la Maison Verte : des interventions légères, si possible, impromptues, une parole ici, un geste là. Il me faut ainsi aider un enfant qui a voulu grimper à l'échelle, mais ne sait pas redescendre, puis m'asseoir près de ces mères qui viennent d'entamer le sujet si brûlant de l'agressivité réactionnelle au début de grossesse :

« Augustin a mis en morceaux le bégonia qu'une amie m'avait offert pour me remercier d'avoir gardé son bébé ! J'étais consternée, mais maintenant je réalise ici ce qui s'est passé. S'il attaque cette fleur, il attaquera peut-être un bébé de la même façon ? À quel drame dois-je m'attendre ?

– Justement ! Ne dramatisez pas ! Il n'était pas content, il a besoin de l'exprimer.

– Mais oui, je lui avais promis d'aller au guignol avec son copain ! Et dans la soirée, il a dit à son père que le bébé de mon amie n'était pas beau. »

Comment dire à cette maman combien tout ceci est positif ?

« Il a besoin de le trouver "pas beau" pour pouvoir refuser d'être comme lui, "caca-pipi-dodo", incapable de marcher, de jouer, de parler ; il veut grandir, devenir adroit, intelligent et fort comme son papa. Augustin n'a absolument pas envie de régresser et de redevenir un tout petit : alors, il s'affirme, il défend son territoire, il s'oppose à cette amie qui, sans prévenir, sans précaution, vous a fourgué son bébé.

– Et si c'était un nouveau bébé dans la famille, ce serait différent ? Mon mari et moi, nous en parlons, mais j'ai peur qu'il soit jaloux, qu'il ne le supporte pas !

– Et vous, après votre naissance, vous avez eu des frères ou des sœurs ?

– Non, je crois que ma mère a fait une fausse couche, et je suis restée fille unique... Ce qui me gêne, c'est les questions qu'il va me poser ! Moi, on m'avait parlé d'une cigogne qui apporte les bébés, et je ne peux tout de même pas dire de telles bêtises, mais on ne peut pas tout dire aux enfants, surtout comment le bébé est venu dans mon ventre, c'est gênant !

– Préférez-vous lui faire croire que c'est la maman toute seule qui fait les bébés, qui les fabrique sans le papa ? Ce serait attenter à sa dignité de petit garçon devenant un homme, en ne vous référant pas au père et à sa fonction.

Mais comment lui décrire, lui parler de nos rapports amoureux ? »

Un dialogue s'engage auquel se joignent d'autres mamans et il est rapidement question de ces fameuses graines, ces cellules germinales que l'homme donne à celle qu'il aime pour donner un beau bébé, fruit de leur rencontre amoureuse.

La maman d'Augustin reste réticente : pour elle, il y a des enfants qui ne sont pas conçus dans l'amour, mais dans l'horreur d'un viol ! S'agit-il d'elle et de son petit garçon ? Elle nous a dit ne craindre que sa jalousie, mais voilà, l'essentiel allait se dire : c'est sa sœur qui avait été violée, entraînant un interdit de parler de sexualité et, en outre, la crainte de la jalousie avait toujours été mise en avant par leur propre mère, qui, divorcée, n'avait pas voulu se remarier pour que ses petites filles ne soient pas jalouses d'un intrus. Ici, jalousie et amour sont sans âge, mais s'il n'y a pas de jalousie sans amour, la réciproque n'est pas forcément vraie, quoiqu'en laisse penser le titre du livre de Marcel Rufo, *Frères et sœurs, une maladie d'amour* ! (*cf.* page 158, Dialogue épistolaire).

Dans le climat de la Maison Verte, ces femmes ne s'étaient pas arrêtées aux horreurs de la vie et de la trahison, et elles avaient pu prendre conscience de leurs hésitations et de leurs propres implications personnelles. Ce n'était plus « J'ai peur de sa jalousie », mais « J'ai peur de ne jamais pouvoir aimer un autre enfant autant que celui-ci, de ne pouvoir aimer le second autant que le premier ! » Elles découvraient surtout que cette peur d'aimer n'existait qu'en tant que pensée dans le registre du deux, du « ou bien, ou bien », de « l'un ou l'autre », alors qu'il était si simple de le vivre dans le registre de l'un *et* l'autre. Mais était-ce si simple ? Oui, parce qu'elles venaient de l'éprouver ensemble, lorsque je les avais invitées à se réunir ayant ainsi « trinifié », « ternarisé » leur relation, leur ayant donné la parole au lieu de l'accaparer. Oui, parce qu'elles sentaient l'angoisse d'abandon de leur aîné derrière son rejet apparent du cadet. Une mère évoquait alors le besoin de son petit garçon d'entendre certains contes, et s'étonnait de son insistance à lui redemander l'histoire du Petit Poucet – l'histoire du « petit qui poussait ».

Mais bien avant les frères Grimm, que nous disent contes, légendes et mythes qui se penchent sur le berceau de notre civilisation ?

Il y avait une fois deux frères… : les contes de la vallée du Nil

Ce texte, écrit au XIIIe siècle avant J.-C., rassemble des récits beaucoup plus anciens où il est question de deux frères. Anoup était le nom de l'aîné, et Bata le nom du cadet. Anoup avait une maison, il avait une femme, et son frère cadet vivait avec lui comme s'il avait été son fils.

« C'est le cadet qui faisait pour l'aîné des vêtements, tout en allant derrière ses bêtes aux champs. C'est lui qui s'occupait des animaux, qui labourait, qui moissonnait et faisait toutes les besognes qu'il y avait à faire. Ce frère cadet était un solide gaillard et il n'existait pas son pareil dans tout le pays : la force d'un dieu était en lui. Chaque soir, il rentrait chargé de lait, de bois, de toutes les herbes des champs qu'il déposait devant son frère aîné, assis avec sa femme, puis il buvait, mangeait et sortait pour passer la nuit, seul, dans son étable au milieu de ses bêtes. Le jour suivant, au matin, il préparait les aliments cuits et les plaçait devant son frère aîné, qui lui donnait des pains pour les champs. Puis il emmenait ses vaches paître et tandis qu'il marchait derrière elles, elles lui disaient : "L'herbe est bonne à tel endroit !" Il les écoutait et les conduisait là où elles en avaient envie. Elles devenaient très belles, multipliant les naissances tant et plus. À la saison du labourage, son frère aîné lui dit : "Tiens nous prêt un attelage de vaches, car la terre est maintenant sortie de l'eau et elle est bonne à être labourée ; puis tu viendras aux champs avec les semences, car nous allons nous mettre au labour demain matin."

Quelques jours plus tard, étant encore aux champs, ils manquèrent de semences. L'aîné envoya son frère cadet les chercher au village. Celui-ci trouva la femme de son aîné qu'on était en train de coiffer. "Lève-toi afin de me donner des semences et que je coure aux champs, car mon frère m'attend. Ne tarde pas.". Mais elle lui répondit : "Va, ouvre le grenier, et emporte toi-même ce que tu désires, afin que ma coiffure ne reste pas en plan". Le jeune homme entra alors dans son étable, d'où il rapporta une jarre de grande taille, ayant l'intention de prendre beaucoup de semences. Elle lui demanda : "Quel est le poids de ce qui est sur ton épaule ?" Il lui répondit : "Trois sacs de froment, deux d'orge, cinq au total, voilà ce qu'il y a sur mon épaule !" Si un sac correspond à 76 litres environ, cela devrait faire plus de 280 kilos… et l'on comprend qu'elle lui adresse de nouveau la parole en ces termes : "Il y a en toi une grande force, et je vois ta vigueur chaque jour. Viens, passons une heure ensemble, couchons-nous : tu en tireras profit, car je te ferai de beaux vêtements". Devant de tels propos, le jeune homme devint comme un léopard qui entre en rage. "Eh quoi ! Tu es pour moi comme une mère, et ton mari, mon aîné, est pour moi comme un père. Quelle est cette abomination que tu m'as dite ? Je ne répéterai cela à personne et ferai que cela ne sorte de ma bouche pour personne." Il chargea son fardeau et s'en alla rejoindre son frère aîné aux champs où ils se remirent au travail. Le soir venu, le cadet emmena ses bêtes dans leur étable, au village, tandis que l'aîné rentrait à la maison.

Sa femme était remplie de crainte à cause des propos qu'elle avait tenus. Elle alla donc chercher de la graisse et du suif, et elle feignit d'avoir été battue afin de dire à son mari : "C'est ton frère cadet". Aussi, quand son mari rentra le soir, il trouva sa femme couchée, vomissant et feignant d'être malade : elle ne versa pas d'eau sur ses mains comme il y était accoutumé ; elle ne fit pas la lumière devant lui et sa maison était dans les ténèbres. Son mari lui demanda : "Qui t'a mal parlé ?" Elle lui répondit : "Personne d'autre que ton frère cadet. Lorsqu'il vint prendre des semences pour toi et qu'il me trouva assise toute seule, il me dit : Viens, passons une heure ensemble, couchons-nous. Mais je ne l'écoutai pas : Est-ce que je ne suis pas ta mère ? Et ton frère aîné n'est-il pas pour toi comme un père ? Il prit peur et me battit pour que je ne te dise rien. Mais si tu permets qu'il vive, je me donnerai la mort ! Quand il viendra, ne l'écoute pas, car je souffre à l'idée de cette mauvaise action qu'il se disposait à commettre." Alors son frère devint aussi comme un léopard ; il aiguisa sa lance, la prit en main et se tint derrière la porte de l'étable afin de tuer son frère cadet.

Or, quand la vache de tête entra dans l'étable, elle dit à son pâtre : "Attention, ton frère aîné se tient là, t'attendant avec sa lance pour te tuer. Éloigne-toi de lui." Il regarda sous la porte de son étable et aperçut les pieds de son frère aîné. Il déposa son fardeau et se mit à courir pour fuir. Son frère aîné partit à sa poursuite et lorsqu'un nouveau jour fut venu, le jeune homme s'adressa à son frère : "Que signifie que tu viennes derrière moi pour me tuer par traîtrise, sans avoir entendu ce que ma bouche dirait ? Je suis pourtant ton frère cadet, et toi, tu es pour moi comme un père, et ta femme est pour moi comme une mère. Quand j'ai été envoyé pour chercher des semences, ta femme m'a dit : Viens, passons une heure ensemble, couchons-nous. Elle a retourné les faits pour toi, en prétendant le contraire... Et toi, tu viens pour me tuer à l'initiative d'une dévergondée !" Il alla chercher un roseau tranchant et se coupa le membre. Il le jeta dans l'eau où un silure l'avala. Il perdit ses forces et devint misérable. Son frère aîné en souffrit considérablement et se tint là en pleurant, sans pouvoir passer sur la rive où était son frère cadet à cause des crocodiles [...] »[4]

Dans ce conte, il est clairement fait allusion à un acte d'émasculation commis par le frère cadet sur lui-même. « Puis il recommande à son frère : "Prends soin de tes bêtes en rentrant à ta maison, car moi, je m'en irai au Val du pin parasol." Le frère aîné s'en retourna, souillé de poussière et les mains posées sur sa tête. Une fois arrivé chez lui, il tua sa femme, la jeta aux chiens, puis s'assit, se lamentant sur son frère cadet. »

Nous sommes ici dans un monde magique, où tout est imaginairement possible, même de revivre. Vous pourrez lire la suite de cette histoire dans *Naître et sourire*[5], mais vous pouvez déjà constater que le frère aîné veut tuer son cadet, car il a été trompé, abusé par une femme « dévergondée », ce terme traduisant l'expression sumérienne : « montrer sa vulve ». Avec ce conte, nous sommes en Égypte, berceau de nombreux mythes, et vous avez déjà pu évoquer Caïn et Abel, ces malheureux précipités dans le drame – leur dieu, aimant le sang des sacrifices, ne prêtant pas attention aux offrandes végétales de Caïn, l'aîné agriculteur, et préférant les victimes animales sacrifiées par Abel, berger et chasseur. En ce qui concerne la femme dévergondée, vous évoquerez peut-être l'épouse de Putiphar, l'eunuque gardien du harem de la cour d'Égypte et maître de Joseph, qu'elle tenta de séduire. Mais si vous tournez votre attention vers la Grèce, combien de beaux et chastes jeunes hommes résistent aux avances d'une reine, d'une tante, d'une belle-sœur, quand ils viennent se faire purifier par le roi ! Et n'en reste-il pas une jalousie envers elles, envers toutes les femmes de nos jours ? On peut le croire lorsqu'on sait qu'il existe aux États-Unis une association appelée « Les citoyens contre l'allaitement au sein » ! Elle milite contre les mères qui donnent le sein en public en prétextant que la femme éprouve du plaisir durant cette expérience érotique de type oral qu'elle impose dès sa naissance à son enfant. Sans oublier le plaisir scandaleux de l'accouchement ! La jalousie n'est pas le domaine réservé de l'enfance et des fratries adultes : les hommes peuvent envier les femmes, leurs gestations et leurs seins ! Du côté féminin, on parle volontiers avec Freud de « l'envie du pénis », le fameux « *Penis-neid* », mais est-ce à sens unique ? Les humains seraient-ils, hommes et femmes, fondamentalement, inévitablement, *tous jaloux* et dévorés d'envie les uns envers les autres ? Quittons le Nil et l'Égypte pour la Mésopotamie, continuons à remonter le temps vers le Tigre et l'Euphrate, 4000 ans avant J.-C.

Dès l'origine, un partage inégal : les récits sumériens

Les textes sumériens évoquent *An*, dieu de l'origine, dont le nom s'écrit comme une étoile. Il a pour épouse *An Tou*. Le dieu An avait valeur 60, la déesse valeur 55, marquant ici la différence et l'infériorité numérique féminine. *En Ki*, fils premier-né se considérant comme l'héritier, n'avait que valeur 40. Le monde avait été réparti entre An, le père, En Ki, le fils premier-né, et En Lil, fils légitime, né plus tard du mariage avec Anet Antou, alors qu'En Ki était issu d'une concubine, graine féconde engendrée par le Grand Taureau Sauvage. C'est la préfiguration structurelle des récits antérieurs des premiers Patriarches bibliques : Abraham, Ismaël, Isaac... et du conflit israélo-palestinien !

Dès l'origine, les dieux ayant joint leurs mains ensemble avaient tiré au sort et partagé le monde : An s'éleva vers les cieux, la terre revint à En Lil et les mers, fermées par une bouche, furent données à En Ki. Ce dernier, Prince de Terre, en nourrit un profond ressentiment. Jalousie ? Il était le premier-né, ce qui faisait de lui l'héritier présumé, mais les coutumes, les traditions, le mariage légal s'y opposaient ! Voilà un fils aîné qui n'est plus l'héritier. Qui est cet En Lil qui lui prend la terre, ne lui laissant que l'eau ? Il possède le lien Ciel-Terre (le Dur-An Ki). C'est à lui qu'An accordera la royauté. Son nom est chiffré 50, alors qu'En Ki n'est que 40. Pourquoi cette différence, si ce n'est pour nous dire que, dès l'origine, les dieux puis les hommes ne naissent pas égaux en droit... et qu'il faudra quelques millénaires pour remettre ce destin immuable en question ?

En Lil, fils légitime d'An et Antou, rencontra sa future femme alors qu'elle se baignait nue dans la rivière de Nippour, et les différentes versions de leur union témoignent toutes de multiples péripéties. Les Sumériens le vénéraient par peur, car c'est lui qui, à l'époque du déluge, avait cherché à détruire l'humanité, mais aussi par gratitude : les humains lui devaient la science de l'agriculture, ainsi que la charrue et la pioche. En Lil choisissait les rois qui devaient régner sur l'humanité comme serviteurs du dieu. Il les nommait au nom de son père An comme en son nom propre, et ses fils ne cessaient de se battre entre eux et contre d'autres dieux, pour cette succession royale qui depuis l'aube de l'humanité est la source de toutes les convoitises et des conflits qui s'y rattachent.

En Ki, Prince de la Terre, troisième grand dieu de Sumer arrivé au temps où la terre n'était que marais, incarne les valeurs bénéfiques de l'eau. C'est un bienfaiteur des hommes, équivalent du Prométhée grec, qui ose même défier les autres dieux en permettant au Noé mésopotamien d'échapper au déluge. Dieu scientifique, il crée un homme modèle, *Ada* Pa, préfiguration d'Adam. Sa vie fut un permanent défi pour contrecarrer son frère En Lil dans ses projets et, s'il accepta les prérogatives de succession d'En Lil, ce fut toujours avec de perpétuelles réticences – Ismaël et Isaac, on l'a vu, mais aussi Jacob et Esaü ne sont pas si loin. En Ki, semblant avoir décidé de ne plus se battre pour le trône divin, s'efforça de porter son fils à la tête de la troisième génération, contre le fils d'En Lil. Pour arriver à ses fins, il sollicita d'abord l'aide de sa demi-sœur, la belle Nin Hour Sag, fille d'An mais pas d'Antou, l'épouse légitime. Épouser sa demi-sœur, c'est être plus « près du sang ». Un fils né ainsi a plus de semence pure que celui d'une femme non apparentée ; il est plus « légitime héritier », qu'il soit ou non fils premier-né. C'est une juridiction d'éleveurs qui « croise » en vue de l'obtention d'un caractère spécifique et ignore encore l'interdit de l'inceste. Nin Hour Sag fut enceinte d'En Ki et accoucha… d'une fille ! N'ayant pu obtenir un héritier mâle, En Ki fit l'amour à sa propre fille, mais il engendra… une fille ! Il alla près de sa petite-fille et la féconda, mais ce fut encore une fille, et Nin Hour Sag lui jeta un sort : en mangeant certaines plantes, En Ki fut atteint d'un mal mortel. C'est En Lil, frère et rival d'En Ki, qui aura le bonheur d'avoir un « juste héritier » par sa sœur Nin Hour Sag ! Le fils s'appellera Nin Our Ta et, brandissant la foudre, il sera un grand combattant. Aussi, En Ki le pousse à aller affronter le terrible Zou qui menace tout le royaume. Ingénieuse manigance, car si son neveu Nin-our-ta était tué, les chances de son propre fils ne faisaient que croître. Nin Hour Sag donna son accord à ce combat, tout en invoquant les Formules Divines pour qu'elles reviennent à En Lil, son père. Zou fut vaincu.

De tels affrontements pour la succession, pour le pouvoir, pour un territoire, illustrent combien les dieux n'existent que pour incarner la rivalité fondamentale de tous les humains. Dans une perspective transgénérationnelle, nous devons noter que ces rivalités ancestrales se transmettent de père en fils et en petit-fils, tout au long des générations, tout comme la force qui permet d'exercer ce pouvoir. Celui qui règne doit être lumineux, marcher droit, solidement sur ses pieds, et sa main ne doit pas trembler quand il lance sa flèche qui va droit au but. Quand il parle, les mots qui sortent de sa bouche vont directement à l'oreille de celui qui écoute. C'est ce que les Sumériens appelaient la splendeur, l'éclat, le rayonnement : le « Mélammu », cette force vitale accordée par les dieux. Était-ce déjà les prémices de ce que nous appelons la *sécurité de base* ? Chez les Babyloniens, ce ne sont plus les dieux qui la dispensent : c'est la nourrice qui transmet à l'enfant cette force fondamentale, indispensable à son sentiment de sécurité. Et, de nos jours, nous découvrons que la sécurité de base se développe dans la relation affective que l'enfant vit et partage avec son père et sa mère. Que nous disent les mythes babyloniens qui, dans ce même berceau de notre civilisation, ont succédé à Sumer ?

Mythes babyloniens

Les premiers textes précédant les écrits bibliques de 2000 ans avant J.-C. nous permettront peut-être de mieux comprendre pourquoi, après les dieux, les hommes sont devenus jaloux, le sang des dieux coulant dans les veines des humains. Dans les cieux babyloniens, on rencontre un vieux père divin qui trouve que ses enfants font trop de bruit et l'empêchent de dormir, un fils incestueux qui fait jouir sa mère, un autre fils, dévoué, qui vole au secours des valeurs éternelles. Ce dernier, Mardouk, tue son frère Kingou, ainsi que Tiamat, sa mère incestueuse, la coupant en deux : d'une partie, aplatie, il fit la terre ; de l'autre, œuvre d'art, il fit le ciel. Quant à Kingou, son sang fut mêlé à la terre, formant le corps de l'homme, placé au service des dieux, avides de l'odeur des sacrifices, pour multiplier les offrandes. Et le récit sacré, l'*Enouma Elish* babylonien, se termine par la révélation que nous portons en nous les traces de cet inceste divin et que nous devons la transmettre : « Que l'initié l'enseigne à l'initié » ! Freud pourra écrire que l'histoire des religions est toujours l'histoire du refoulement de l'inceste, puisque nous prêtons aux divinités tout ce que nous ne voulons plus voir en nous.

De même, dans la mythologie grecque, les Titans, fils de Terre, révoltés contre le chef des dieux, ne supportent pas la naissance de son fils Dionysos ; ils se rassemblent autour de l'enfant, lui offrent des osselets pour jouer, un miroir pour l'occuper et se précipitent sur lui, le découpant pour le faire bouillir dans un chaudron avant de le dévorer ! Athéna avait heureusement pu sauver le cœur de l'enfant et l'avait placé sous l'œil de Zeus, qui l'avait aussitôt ressuscité. Les Titans furent sacrifiés, placés sous les volcans, mais la suie produite par la combustion de leurs corps fut utilisée au moment de la création des humains. C'est pourquoi, s'il y a du Titan incestueux dans l'homme, il y a aussi du divin puisque les Titans avaient consommé le corps du fils du dieu suprême. Dans toute communion, il y a incorporation du dieu dans l'espoir de le devenir à son tour.

Tous les récits bibliques ou helléniques, quels qu'ils soient, fondent le narcissisme des peuples et nourrissent à notre insu nombre de nos croyances. Ces récits ne sont « sacrés » que parce qu'ils ont été écrits en ces temps éloignés des origines, et nous pouvons, sans les moraliser, les entendre tous ensemble comme autant de « signifiants » essentiels à repérer pour que nous n'en subissions plus les effets dans leur fatalité inexorable, dont témoigne avec tant de forces la jalousie. Nous devons multiplier ces références, les faire circuler en nous et entre nous, car la lecture d'un seul texte, ne privilégiant qu'un seul récit, qu'un seul dieu, s'avérerait illégitime et réductrice.

Je sais qu'il est difficile de sortir de nos narcissismes textuels, d'accepter que nos mythes soient analysés, démontés, et comparés avec d'autres tout aussi vénérables dans des cultures différentes. Pourtant, toutes ces théogonies et ces cosmogonies, qui ne parlent que de barbaries au nom du sacré, nous éclairent tant sur la nature humaine et la violence qui couve en chacun de nous dès notre plus jeune âge… avec ou sans petit frère ! Mais cet éclairage témoigne aussi de la force de notre humanisation et de son dynamisme. Cette remontée dans le temps et dans notre lecture des « jalousies textuelles » nous permettra-t-elle de dire si, depuis la préhistoire, l'art rupestre et l'invention de l'écriture, les humains pourront se laver du sang des dieux incestueux qui coule toujours dans leurs veines, et dont témoignent toujours les massacres et les génocides.

Le phénomène de la jalousie, auquel tout le monde adhère ou participe, est ici particulièrement révélateur de la structure dogmatique d'un sujet fondateur imaginaire, qui dit pourquoi les choses sont « comme ça » et pas autrement, de la dette rituelle de ce qu'il faut répéter d'une génération à l'autre, des messages normatifs enseignés qui ne seront jamais remis en question.

Avec Freud, la psychanalyse est venue poser des questions à ce qui fait loi pour tout humain. Jacques Lacan n'a cessé de se consacrer, tout au long de ses écrits et séminaires, à l'interrogation de ce qui détermine le sujet à son insu. Mais l'on sait moins qu'il s'est passionné pour le problème de la jalousie et qu'il faisait de saint Augustin un véritable précurseur de la psychanalyse dans ce domaine, reprenant et modifiant sans cesse la traduction de cette phrase latine que nous citions dès notre introduction, avant de la commenter. Pour comprendre ce qu'il appelle *le complexe d'intrusion*, étape importante dans le développement de l'enfant après le complexe du sevrage et avant le complexe d'Œdipe, référons-nous à son premier article sur « Les complexes familiaux dans la formation de l'individu », paru en 1938 dans *L'Encyclopédie Française*[6], et dont nous donnons ici de larges extraits.

Lacan et les complexes familiaux dans la formation de l'individu

La famille est d'abord pour lui *un groupe naturel,* mais, à la différence des espèces animales, l'espèce humaine est marquée par la parole et le travail d'une œuvre collective constituant *la culture.* C'est la famille qui joue un rôle primordial dans la transmission de cette culture. Alors que les analystes étudiaient la dyade mère-enfant, où la mère est censée ne faire qu'un avec son enfant, Lacan privilégie l'étude structurale de la famille où il n'y a pas une mère sans père ni des parents sans enfants. Si bien que l'on ne peut pas dire que la mère est du côté naturel et instinctif, ni que le père est du côté culturel. C'est à partir du « complexe » où se noue tout ce qui est du ressort de la culture que Lacan étudie le développement psychique de l'enfant. Le premier complexe est celui du *sevrage,* « qui fixe dans le psychisme la relation de nourrissage, sous le mode parasitaire qu'exigent les besoins du premier âge ». Ce complexe « représente la forme primordiale de l'*imago* maternelle, fondant les sentiments les plus archaïques et les plus stables qui unissent l'individu à la famille ». Par ce thème d'*imago,* Lacan évoque les souvenirs du vécu et les engrammations affectives de la relation nourricière. Traumatisant ou non, le sevrage est une séparation laissant dans le psychisme la trace de la relation biologique qui l'interrompt.

Comment se séparer sans se sentir abandonné ? « Par la précocité et l'intensité des ré-actions de l'enfant à l'approche ou au départ des personnes qui prennent soin de lui, l'image du sein maternel domine toute la vie de l'homme, imprimée au plus profond du psychisme et pouvant expliquer la puissance, la richesse et la durée du sentiment maternel. » Nous avons déjà là une référence à l'angoisse d'abandon et, avec le pluriel des personnes qui prennent soin de lui dans la famille, le père est indirectement évoqué, même s'il n'est pas nommé. Pour Lacan, il apparaîtra plus tard avec le complexe d'Œdipe.

Entre le « complexe du sevrage » et le « complexe d'Œdipe », Lacan fait place à ce qu'il nomme *« le complexe de l'intrusion »*, qui représente l'expérience que réalise le sujet *« lorsqu'il se connaît des frères »*. Les conditions en sont très variables, selon les contingences et la place dans l'ordre des naissances, la position qu'il occupe ainsi avant tout conflit : celle du nanti ou celle de l'usurpateur.

Précisant que « la jalousie infantile a dès longtemps frappé les observateurs », Lacan donne sa première traduction de la vignette clinique augustinienne *:* « J'ai vu de mes yeux et bien observé un tout petit en proie à la jalousie : il ne parlait pas encore et il ne pouvait sans pâlir arrêter son regard au spectacle amer de son frère de lait ». Le fait ici révélé à l'étonnement du moraliste resta longtemps réduit à la valeur d'un thème de rhétorique, utilisable à toutes fins apologétiques. L'observation expérimentale de l'enfant et les investigations psychanalytiques, en démontrant la structure de la jalousie infantile, ont mis au jour son rôle dans la genèse de la sociabilité. « Disons que le point critique révélé par ces recherches est que la jalousie, dans son fond, représente non pas une rivalité vitale, mais une identification mentale. »

C'est cette identification qui centre la réflexion de Jacques Lacan dès cette époque, mais une condition en est requise : « Une limite d'âge entre les enfants laissés à leur spontanéité ludique. Cette limite se restreint à deux mois et demi dans la première année… De l'observation des enfants, un paradoxe se réalise : chaque partenaire confond la patrie de l'autre avec la sienne propre et s'identifie à lui ». Ayant frappé son frère, il dit : « Il m'a battu » ! C'est ce que Charlotte Bühler nommera le transitivisme. « La doctrine de la psychanalyse nous montre dans le frère, au sens neutre, l'objet électif des exigences de la libido, mais aussi elle insiste sur la confusion, en cet objet, de deux relations affectives, amour et identification, dont l'opposition sera fondamentale aux stades ultérieurs ».

C'est dans ce contexte que Lacan aborde le problème de la jalousie chez l'adulte « dans la passion de la jalousie amoureuse. L'agressivité maximale, que l'on rencontre dans les formes psychotiques de la passion, est constituée bien plus par la négation de cet intérêt singulier que par la rivalité qui paraît la justifier… C'est tout spécialement dans la situation fraternelle primitive que l'agressivité se démontre pour secondaire à l'identification. Il est évident, au contraire, que le nourrissage constitue précisément pour les jeunes une neutralisation temporaire des conditions de la lutte pour la nourriture ». Mais c'est encore plus évident chez l'adulte qui a besoin de manger avec l'autre ou les autres, pour apaiser dans la chaleur communicative des banquets des tensions inhérentes à la vie en communauté. « L'apparition de la jalousie en rapport avec le nourrissage, selon le thème classique illustré plus haut par une citation de saint Augustin, doit donc être interprétée prudemment. En fait, la jalousie peut se manifester dans des cas où le sujet, depuis longtemps sevré, n'est pas en situation de concurrence vitale à l'égard de son frère. »

Ce n'est donc pas pour la nourriture que les enfants se battent et rivalisent, mais bien plutôt pour se sentir aimés par leur mère dans la mesure où ils n'ont pas développé leur *sécurité de base,* cette certitude apaisante qu'ils sont, eux aussi, source de bien-être pour les autres. Avec le stade du miroir, le privilège accordé au *symbolique,* à la parole, au *signifiant,* les analystes ont laissé de côté le réel de tout ce qui concerne la vie prénatale et les premières relations affectives intra-utérines, auditives et de contact. Elles sont pourtant si importantes pour le développement du sentiment d'exister, en sécurité, avec son père aussi bien qu'avec sa mère.

À la suite de Freud, Lacan désigne « dans le malaise du sevrage » le moment dialectique où le sujet assume, par ses premiers actes de jeu, la reproduction de ce malaise même et, par là, le sublimant, le surmonte. Il nous rappelle que « c'est bien ainsi que sont apparus les jeux primitifs de l'enfant à l'œil connaisseur de Freud : cette joie de la première enfance de rejeter un objet du champ de son regard, puis, l'objet retrouvé, d'en renouveler inépuisablement l'exclusion, signifie bien que c'est le pathétique du sevrage que le sujet s'inflige à nouveau, tel qu'il l'a subi, mais dont il triomphe, maintenant qu'il est actif dans sa reproduction. » Ne pas oublier cependant que, dans le célèbre jeu de la bobine, le rejet de l'objet est accompagné d'un début de parole, ponctuant la séparation et le retour de celle-ci. Mais surtout, ne pas refouler le fait qu'avant le sevrage, il y a la naissance et la « sé-partition », cette séparation de la part placentaire de notre être. Si pour le sujet, c'est avec le petit rival que la relation se « ternarise » par l'identification affective avec le « petit autre » en tant que « moi idéal », le père joue un rôle important en tant qu'« idéal du moi ». Lacan écrit : « Ici encore la jalousie humaine se distingue donc de la rivalité immédiate, puisqu'elle forme son objet plus qu'il ne la détermine. » Elle se révèle donc comme « l'archétype des sentiments sociaux. Le moi ainsi conçu ne trouve pas avant l'âge de trois ans sa constitution essentielle », celle qui repose sur l'objectivité fondamentale de la connaissance humaine. Point remarquable, « celle-ci tire sa richesse et sa puissance de l'insuffisance vitale de l'homme à ses origines. Sa socialisation par la sympathie jalouse fonde sa permanence et sa substantialité ».

Il y a donc obligation d'en passer par la lutte et la rivalité : l'autre, forcément dangereux, sera l'étranger menaçant, celui que l'on ne peut accueillir ! Pour Lacan, le rôle traumatisant du frère au sens neutre est donc constitué par son intrusion, qui part du nouveau venu « pour infester l'occupant » ? Le mot ne serait-il pas trop fort ? « Infester », c'est ravager, attaquer, piller. Ce pauvre frère, mis si curieusement « au sens neutre » pour ne pas désigner les sœurs, est chargé de tous les péchés du monde ! La réaction de l'enfant au traumatisme dépend de son développement psychique. Surpris par l'intrus dans le désarroi du sevrage, il le réactive sans cesse à son spectacle : il fait alors une régression qui, dans certains cas exceptionnels et « selon les destins du moi, se révélera comme psychose schizophrénique ou comme névrose hypocondriaque. Ou bien, il réagit par la destruction imaginaire du monstre, qui donnera de même soit des impulsions perverses, soit une culpabilité obsessionnelle ». Étudiant les connexions de la paranoïa avec le complexe fraternel, Lacan observe la fréquence des thèmes de filiation, d'usurpation, de spoliation, comme sa structure narcissique qui se révèle dans les thèmes plus paranoïdes de l'intrusion, de l'influence, du dédoublement, du double. Que l'intrus ne survienne, au contraire, qu'après le complexe de l'Œdipe, il est adopté le plus souvent sur le plan des identifications parentales, plus denses affectivement et plus riches de structure. Il n'est plus pour le sujet l'obstacle ou le reflet, mais une personne digne d'amour ou de haine. Les pulsions agressives se subliment en tendresse ou en sévérité. Voilà la tendresse qui apparaît, mais pourquoi n'en serait-il pas question avant l'Œdipe ?

Plus tard, en 1948, dans *L'agressivité en psychanalyse*[7], Lacan précisera que l'image spéculaire de celui qui voit son corps dans le miroir est « formatrice du moi » et qu'elle « peut attirer l'agressivité, en tant que je me vois comme autre, et que cet autre complet, au miroir, parce qu'il devancerait l'état où je suis de mon développement ou de mon intégration biologique, serait comme un maître, attirant par là des affects négatifs ». Considérant Augustin comme celui qui « devance la psychanalyse en nous donnant une image exemplaire du nœud central de l'agressivité ambivalente en ces termes : *vidi ego et expertus zelantem*, c'est-à-dire : "J'ai vu de mes yeux et j'ai bien connu un tout petit en proie à la jalousie". Ainsi noue-t-il impérissablement l'étape *infans* du premier âge à la situation d'absorption spectaculaire : il contemplait la réaction émotionnelle, "tout pâle" et cette réactivation des images de la frustration primordiale, "d'un regard empoisonné", qui sont les coordonnées psychiques et somatiques de l'agressivité originelle. »[8]

Dans son *Séminaire* V, *Les formations de l'inconscient*, en 1958, Lacan, voulant donner à cette expérience toute son importance, la dégagera du particularisme biographique pour lui donner une portée plus structurale. Dépassant le problème du petit frère dans les bras de la mère, son interprétation concernera, plus largement, « la première expérience du sujet confronté à quelque chose qui occupe sa place, qui est dans un rapport qui devrait être le sien. Le sujet appréhende l'objet, le sein maternel, en tant qu'objet de désir, en même temps qu'il en est privé par un autre. Un semblable usurpe sa place, ce qui le fait pâlir. L'objet, sein maternel, devient signifiant du désir, en venant lui-même se substituer à la mère idéale, première forme de l'Un. » Les deux versants de cette expérience apparaissent clairement : l'un, destructeur, ravageant, est lié à la passion jalouse ; l'autre par l'accès à l'opération de substitution est constitutif du désir. Cette pâleur peut être « autodestruction passionnelle » ou « point de naissance du désir », absolument adhérente à cette pâleur ou « point de pâleur, point de naissance du désir »[9]. Dans son séminaire du 11 mai 1959, Lacan soulignera l'importance du « rapport à sa propre image » : le sujet « voit son semblable, dans un certain rapport avec la mère, comme primitive identification idéale ». Certains analystes en font état en termes de totalité mère-enfant : « Comme si nous nous mettions à oublier, de la façon la plus tenace, que justement il n'y a, dans l'être humain, aucune possibilité d'accéder à cette expérience de la totalité, que l'être humain est divisé, déchiré, et qu'aucune analyse ne lui restitue cette totalité. »

Dans l'envie, dans l'*invidia* de saint Augustin, le sein maternel est abordé comme objet désiré en tant que tel, à savoir celui que l'autre est en train de posséder. Il prend cette valeur élective à travers cette expérience cruciale : le sujet prend conscience de lui-même comme étant « privé de cet objet. C'est dans la mesure où le sujet est imaginairement frustré, où il a la première expérience de quelque chose qui est devant lui à sa place, et qui usurpe sa place, qui est dans ce rapport avec la mère qui devrait être le sien, et où il sent cet intervalle imaginaire comme frustration, que naît la première appréhension de l'objet en tant que le sujet en est privé. » Cette expérience passionnelle de l'enfant qui se sent frustré nous permet de repérer que l'image de l'autre peut être substituée au sujet dans sa passion destructrice et jalouse. Dans le *Séminaire VII, L'éthique de la psychanalyse*, Lacan reprend, le 18 mai 1960, l'étude de cette jalousie fondamentale : « Ce n'est pas une jalousie ordinaire, c'est une jalousie qui naît dans un sujet, dans son rapport à un autre », pour autant que cet autre est perçu comme participant « d'une certaine forme de jouissance, de surabondance vitale, qu'il ne peut lui-même appréhender par la voie d'aucun mouvement affectif. N'est-ce pas vraiment singulier, étrange, qu'un être s'avoue jalouser chez l'autre, et ce jusqu'à la haine, jusqu'au besoin de détruire, ce qu'il n'est pas capable d'appréhender d'aucune façon, par aucune voie intuitive ? »

Dans son séminaire du 14 mars 1962, Lacan insiste sur ce thème du « petit jaloux », mais il faudra attendre le 11 mars 1964, dans *Les quatre concepts fondamentaux de la psychanalyse*, pour que « l'appétit de l'œil » soit évoqué, l'œil plein de voracité, le mauvais œil. « Les pouvoirs qui lui sont attribués de faire tarir le lait de l'animal, de porter avec lui la maladie, la malencontre, ce pouvoir, où pouvons-nous mieux l'imager, sinon dans l'*Invidia* ? ». Lacan nous rappelle ici que l'envie, l'*invidia* vient de *videre* : voir. « L'*invidia* la plus exemplaire pour nous, analystes, est celle que j'ai depuis longtemps relevée dans Augustin pour lui donner tout son sort, à savoir celle du petit enfant regardant son frère pendu au sein de sa mère, le regardant "*amare conspectu*", d'un œil amer, qui le décompose et fait sur lui-même l'effet d'un poison. Pour comprendre l'effet de l'*invidia*, il ne faut pas la confondre avec la jalousie. Ce que le petit enfant envie, ce n'est pas du tout, forcément, ce dont il pourrait avoir envie, comme on s'exprime improprement. L'enfant qui regarde son petit frère, qu'est-ce qui nous dit qu'il a encore besoin d'être à la mamelle ? Chacun sait que l'envie est communément provoquée par la possession de biens qui ne seraient plus d'aucun usage. Telle est la véritable envie : elle fait pâlir le sujet... devant quoi ? Devant l'image d'une complétude... Le sujet pâlit d'être exclu d'une scène dont il ne sait rien, mais à laquelle il croit. Il y croit comme à la preuve de l'existence d'un rapport possible à l'objet du désir. »

Le 10 avril 1973, dans « Encore », *Séminaire XX*, Lacan reviendra, pour la dernière fois, sur ce problème avec beaucoup de verve, forgeant même le terme de *jalouissance* pour l'affecter à la scène augustinienne : « Nous en sommes, sur ce sujet de la haine, si étouffés, que personne ne s'aperçoit qu'une haine, une haine solide, ça s'adresse à l'être, à l'être même de quelqu'un qui n'est pas forcément Dieu. On en reste à la notion de la haine jalouse, celle qui jaillit de la jalouissance. »

Pourquoi Lacan peut-il dire que « sur le sujet de la haine, nous en sommes *si étouffés* » ? Qu'est-ce qu'il étouffait, ou qui l'étouffait, lui qui avait vu son petit frère naître lorsqu'il avait un an ? Frère qui mourut rapidement, laissant sa mère inconsolable. Si je relève, dans ses séminaires, entre 1954 et 1974, plus de treize références à la jalousie, ce n'est peut-être pas un hasard.

Nous venons ainsi de nous référer à des textes anciens, à des séminaires de Jacques Lacan qui ont bercé mon enfance analytique, mais bien d'autres textes cliniques ont été écrits par des analystes, et je pense ici tout particulièrement aux articles de Françoise Dolto-Marette, parus dans la revue *Psyché* en 1947 : ils restent d'une actualité telle qu'il nous paraît important d'en donner ici quelques extraits.

Françoise Dolto et la jalousie : de l'aîné au puîné

Pourquoi des pulsions agressives ?

Dans « Hypothèse nouvelle concernant les réactions de la jalousie à la naissance d'un puîné »[10], Françoise Dolto parlait des réactions de Jean, premier garçon, au moment de la naissance du puîné, et du second garçon, Gricha, au moment de la naissance de leur petite sœur, pour les comparer aux réactions d'un autre enfant, Robert, devenues pathologiques à cause de l'interventionnisme des adultes. Ces derniers voulaient lui imposer à tort un comportement social d'amour positif tout en ne lui permettant pas d'intégrer, ce qui était sans danger pour son équilibre, la notion affective de frère. Jean, âgé de 21 mois, s'était mis à bégayer quelques jours après la naissance de Gricha. En présence de sa mère, il avait mis son baigneur dans le lit de la jeune femme qui s'occupait de lui et lui demanda de le jeter, ce qu'elle fit ! Aussitôt, l'enfant s'était précipité sur le poupon, l'avait lancé dans un coin, repris, lui donnant des coups de pieds en riant à gorge déployée. Un vrai lynchage sadique !

Françoise Dolto avait précisé qu'elle avait aidé ou cru aider cet enfant « en lui permettant de dégager ses pulsions agressives, accumulées depuis quelques jours sous une tension de plus en plus forte et que ses éclats ne purgeaient pas ». Certes, même sans secours et laissé à lui-même, Jean aurait trouvé une solution évolutive, peut-être au prix d'une réaction somatique. Au contraire, elle lui avait permis d'exprimer son agressivité et Jean en fut soulagé et détendu : « Tout le comportement de l'enfant s'est modifié et le bégaiement a disparu en faisant place à une transformation du langage : richesse de la syntaxe et extension du vocabulaire ». Dans une petite note, elle ajoutait : « Il m'intéresserait de savoir si d'autres observateurs ont constaté les mêmes faits. Les filles réagissent-elles pareillement ? » Aucune étude approfondie n'y répond actuellement.

Après avoir décrit différentes réactions de jalousie et de dépit, Françoise Dolto insistait sur les ressemblances profondes dans les mécanismes, avec des différences d'intensité et de rapidité du processus. On a beaucoup mis l'accent sur la jalousie due à la frustration que l'enfant ressent venant de sa mère : « L'enfant se sentant détrôné n'accepterait pas le suivant considéré comme un intrus indésirable. Bien sûr, ce sentiment peut jouer, mais peut-être pas si immédiatement ». Si les enfants étaient gardés par une nurse, les réactions étaient du même ordre. « On dit aussi que le dépit de ne pas avoir un compagnon de jeu de son âge explique le dépit de l'enfant envers un plus petit. Ceci n'est pas exact du tout au niveau de l'enfant. Il sait très bien par instinct que le bébé naît tout petit, et il ne s'attend pas à autre chose (si l'adulte n'a pas faussé les idées) ; mais l'idée d'un bébé et le fait de sa présence sont deux choses totalement différentes... »

Pour elle, reprenant l'hypothèse de la libido liée au principe du plaisir découvert par Freud, « tout semble se passer comme si chacun des êtres humains, dès le premier jour de la vie, devait épanouir ses virtualités génétiques, l'ensemble de ses forces attractives et répulsives étant au service d'une option continuelle visant à cet épanouissement ». C'est en fait ce que l'haptonomie nomme actuellement la « *libido vitalis* » qui, à cet âge, n'est nullement une « *libido sexualis* », comme l'illustrera plus loin Hélène Sallez, et comme Catherine Dolto le mettra en jeu dans l'accompagnement pré et postnatal... cinquante ans plus tard ![11]

N'avais-je pas déjà indiqué en 1960, dans *La psychanalyse, science de l'homme en devenir*[12] que « c'est avant la naissance du bébé qu'il faut commencer la psychoprophylaxie de la jalousie en annonçant qu'au moment de sa naissance, le bébé apportera à son frère ou à sa sœur un cadeau, et sans plus attendre en offrant à l'aîné des ballons qu'il pourra gonfler et dégonfler à volonté... Après la naissance, on peut laisser traîner dans sa chambre un baigneur en celluloïd. Ignoré et négligé au début, ce jouet pourra devenir plus ou moins rapidement la cible des pulsions agressives. » La conception de la Maison Verte n'était pas loin !

Mais poursuivons avec Françoise Dolto, accompagnant ici Jacques Lacan : « Un mécanisme psychologique primitif fait que l'être humain s'identifie à son entourage. Le premier type d'amour est l'amour identification. Jusqu'à la naissance d'un plus jeune, l'enfant n'a jamais encore eu à sentir en lui le malaise de s'ouvrir à la perception d'une autre forme humaine moins évoluée que lui. Le mécanisme primitif – s'identifier à l'objet d'attention et d'amour – n'a jamais été encore ressenti comme une entrave bio- dynamique [...] » S'il apparaît un plus petit dans le champ de son affectivité et s'il se montre positif à son égard, « cette prise de contact entraîne nécessairement une identification, une tentation de se fondre dans l'objet, tentation d'identification qui, perçue comme un danger, déclenche immédiatement un mécanisme de défense, non pas agressif à l'état pur, sans l'intervention des adultes, mais neutre [...] ». Si *aimer*, c'est « *faire comme lui* », cela entraîne une absurdité psychobiologique, un contresens par rapport son évolution. Plusieurs conséquences en découlent, qui traduisent toute la lutte pour le droit à vivre en refusant cette identification, ressentie comme désintégrante, et stérilisante. « Il y a à la fois défense passive et défense active ; les manifestations de ces deux types de protection sont souvent mal interprétées par l'adulte. Il donne une signification intentionnelle d'ordre moral à ces réactions négatives qui sont saines, tant que la dissociation entre aimer et "s'identifier à" n'a pas été comprise par le sujet ».

Françoise Dolto, avec Lacan, résume ici le problème : il s'agit d'être positif dans le contact affectif sans cependant être en danger de perte énergétique. Cette dissociation, on l'a vu, se ferait d'elle-même si l'enfant était laissé à ses mécanismes régulateurs personnels, après tout un comportement caractériel, sensoriel et moteur, qui traduit son cheminement malaisé de Charybde en Scylla – le Charybde de l'identification à l'adulte qui lui fait sentir des émois révoltants, et le Scylla de l'identification au nourrisson avec la régression que cette identification entraîne. L'enfant repousse passivement et activement ce qui vient de l'un et de l'autre en attendant que, dans les cas favorables, sa croissance lui permette de résoudre le dilemme par la libération de son autonomie et son corollaire moral : le sens du relatif. Si l'aisance de la situation à deux est conservée entre mère et enfant, l'aisance de la situation à trois peut se développer, et nous voyons naître le sens de la société. C'est tout cela que permet d'acquérir cette expérience psychique « qui est pour chacun de nous l'émoi d'amour pour un plus petit, un moins évolué, un moins doué, un moins riche que soi ». Et Françoise Dolto de conclure : « Cette épreuve est nécessaire, et tout être humain la rencontre tôt ou tard sur sa route. La venue d'un puîné permet de la vivre tôt et d'en sortir libéré du besoin d'absolu dans les rapports sociaux. Il ne tient qu'au milieu éducatif de laisser l'enfant accéder à cette libération intérieure, à l'autonomie de son comportement ».

Dans les années cinquante, ce n'était donc pas le père qui *ternarisait* la relation et la socialisait, c'était le petit rival et cette nécessaire jalousie ! Et dire : « C'est encore un des intérêts de cette hypothèse qu'elle permet de comprendre les relations du narcissisme et du sens social. », c'était peut-être aller vite en besogne en éliminant bien rapidement le rôle du père, au seul profit de celui du nouvel arrivé… La place et la fonction du « *père acte de naissance* »[13] ont été depuis largement repérées, reconnues, théorisées. Certes, l'on peut toujours rencontrer des pères en difficulté quand leur femme est enceinte, des hommes qui, « petit dernier » ou « fils unique », n'ont pas vécu l'expérience maturante du puîné. Dans une démarche psychanalytique, dans l'accompagnement haptonomique, il en est souvent question : les paroles, les rêves et certains symptômes font résonner cette problématique. L'hypothèse dolto-lacanienne de « l'amour identification » et de ses régressions inhérentes est devenue une évidence, mais, chez l'enfant comme chez l'adulte, des paroles accompagnées d'un contact affectif sécurisant peuvent apporter l'apaisement indispensable si l'on se réfère à son père. Un père dont la fonction spécifique, ne l'oublions pas, est d'être ce *tiers* indispensable entre la mère et l'enfant, tandis que se *trinifient* ainsi l'ensemble des interrelations au sein de la famille. Si chacun y tient ainsi sa place ternarisante sans aliéner celle des autres ni fusionner en dyade, la jalousie pourra moins difficilement s'y enraciner.

Ce n'était pas, tant s'en faut, le cas du petit Pierre, dont le père allait jouer un rôle bien singulier, comme nous le découvrons dans les extraits que nous donnons ici du récit de Françoise Dolto.

Françoise Dolto et le petit Pierre

Dans *L'échec scolaire*[14], elle raconte l'histoire d'un enfant de 4 ans, malade depuis deux mois et hospitalisé en psychiatrie, qui avait régressé, perdu le sommeil, l'appétit, la marche et la propreté sphinctérienne. Muet, anxieux, il ne desserrait plus les jambes pour marcher, ni la bouche pour parler. Adressé par le psychiatre du service à Françoise Dolto, il arrive dans les bras de son père qui le dépose dans la salle d'attente comme une loque. Françoise Dolto explique à l'enfant pourquoi il vient en consultation, résumant la lettre du psychiatre et précisant qu'elle va recevoir d'abord ses parents dans son bureau.

La mère se met à parler : « C'est arrivé au retour des vacances, je suis revenue seule par le train, avec mes deux enfants : Pierre, l'aîné, quatre ans, et Jean, deux ans. Nous étions dans le même compartiment que beaucoup de dames avec leurs enfants. Au milieu d'un tunnel, Jean s'est mis à hurler, puis quand la lumière est revenue, il a dit : "Le monsieur, il m'a pris quelque chose là", en montrant son aine gauche. Ce monsieur était en coin couloir, moi en coin fenêtre, en diagonale, de l'autre côté. Je me suis demandé comment il aurait pu bouger sans que je m'en sois aperçue, alors que Pierre était debout contre moi, avec son petit frère. Je lui ai dit : "Mais non, le monsieur n'a rien fait." Je regarde le monsieur, très étonné, les dames le regardent, tout le monde le regarde ; puis, deuxième tunnel : je serre mes enfants contre moi et, quand la lumière revient, le monsieur a disparu. » On arrive à la gare où le père est venu attendre sa petite famille. Tout le monde descend, sauf Pierre qui reste figé dans le compartiment. Le père va le chercher, le descend sur le quai, veut le faire avancer : l'enfant tombe par terre, il ne pouvait plus marcher. Drame, affolement : « Force était de prendre un taxi. On rentre à la maison, pensant que ça s'arrangerait, mais l'enfant reste incapable de marcher. On fait venir le docteur qui ne trouve rien, et c'est ainsi qu'on le conduit à l'hôpital. »

Françoise Dolto demande à la mère si son fils était déjà resté immobile à la suite d'une émotion : « Mais oui ! » Son mari intervient :

« Mais qu'est-ce que tu racontes ? Il a toujours été normal.

– Mais non, rappelle-toi, le jour de la naissance de Jean ! »

Jean est né vers 8 heures du matin, dans la ferme de ses parents, et une employée avait presque fini d'habiller Pierre ; il n'avait plus qu'une chaussette à mettre lorsqu'elle le laissa et l'on ne fit plus attention à l'enfant. Il y avait beaucoup de monde, des voisins ; des enfants qui couraient toujours partout…, mais, à quatre heures de l'après-midi, ils se demandèrent ce qu'il était devenu. On le retrouva assis sur son lit, avec sa chaussette à la main, dans la même position qu'à 8 heures du matin. Il descendit alors comme si de rien n'était.

« S'attendait-il à avoir un petit frère ? a demandé l'analyste.

– Vous allez rire, Docteur, c'est trop bête : j'avais dit que si ce n'était pas une fille, je jetterais le bébé au feu… Dès qu'il est né, j'ai été très contente…

– Vous rappelez-vous si Pierre vous a parlé du feu ?

– C'est drôle ce que vous dites. C'est vrai, il demandait toujours, en plein mois de juin, pourquoi on n'allumait pas le feu ? Et je lui répondais : "Il fait chaud, on n'a pas besoin de feu". Sinon, pas d'histoire, il s'entend bien avec son petit frère. Tout s'est bien arrangé ».

Le médecin ayant dit qu'il serait bon que les enfants aillent au bord de la mer, elle s'était installée dans un hôtel avec ses deux enfants, son mari les rejoignant les week-ends.

« Mais ne s'est-il rien passé pendant ces vacances, avant l'incident dans le train, n'était-il pas un peu bizarre ? »

La mère s'adresse alors à son mari :

« Il faut tout de même lui dire ce qui s'est passé.

– Tu vas pas raconter ça ! », rétorque-t-il.

Malgré la gêne et les exclamations du père, elle raconte qu'elle couchait dans la même chambre que ses deux enfants qui, dès 8 heures, dormaient dans leur lit. Un vendredi soir, le père arrive et tout se passe bien jusqu'au samedi soir où les parents remontent de leur promenade à 11 heures et trouvent Pierre assis dans son lit, tout éveillé.

« Mais qu'est-ce que tu fais là, pourquoi tu ne dors pas ? demande le père.

– Ah, non, je vous attendais. Je veux vous voir jouer au derrière ! répond le petit Pierre…

– Menteur… menteur… tu n'as rien vu ! » s'écrit le père en lui donnant une fessée. Et la mère d'ajouter qu'il avait tremblé toute la nuit et qu'il avait été vraiment choqué. Après le départ du père, l'enfant avait perdu sa gaieté et son appétit.

C'est là-dessus, au retour, qu'est survenue l'histoire du train. L'obscurité du tunnel avait réveillé le souvenir de ce qui s'était passé dans la chambre. Si Pierre se vivait blessé par le monsieur du compartiment, dans le noir, c'est parce qu'il lui avait rappelé son père jouant avec la mère, lors de cette fameuse nuit d'hôtel.

« Je crois que j'ai compris ce qui s'est passé pour votre enfant… ». Françoise Dolto va dans la salle d'attente et dit à Pierre qu'elle a fini de parler avec ses parents, et qu'elle voudrait maintenant parler avec lui. Il reste figé. Elle le prend dans ses bras et va l'asseoir entre ses deux parents. « Pierre, tu ne vas pas bien, tu es malheureux tout le temps, tu ne peux plus parler, manger avec une fourchette ; tu ne peux plus être propre, tu ne sais plus t'amuser. Peut-être que ça t'ennuie beaucoup que je te parle, mais tes parents voudraient te faire soigner… .Tu es devenu comme ça après le monsieur qui t'a pris quelque chose là. Oui, ta mère m'a raconté tout ce qui s'était passé. Moi, je crois que ce n'était pas vrai, et je crois que ce monsieur t'a rappelé quelque chose qui t'avait fait peur… aussi dans le noir. »

L'enfant retombant dans son inattention, Françoise Dolto lui explique que ce n'était pas la première fois qu'il s'était arrêté de bouger parce que quelque chose lui avait fait peur : c'était déjà arrivé le jour de la naissance de son frère. Devant son regard angoissé, elle lui rappelle qu'une petite sœur devait naître, que c'était un petit garçon qui était arrivé, mais que, contrairement à qu'elle avait dit, sa maman, très contente, ne l'avait pas jeté au feu !

Esquisse d'un sourire sur le visage de Pierre, à qui l'analyste demande ce qui est arrivé avec son papa. Comme il retombe dans son inattention, elle reprend les propres paroles de l'enfant : il a vu papa jouer au derrière avec maman. Alors là, panique dans les yeux du petit garçon qui tremble de tout son corps en regardant avec terreur son père et sa mère. Françoise Dolto le rassure : « Mais ce n'était pas mal du tout, et ton papa ne savait pas que tu étais assez grand pour savoir que quand on est un monsieur qui a une femme qui l'aime, on joue avec elle ! Toi, quand tu auras une femme, ton papa ne viendra pas te déranger, tu pourras jouer au derrière avec elle. Mais il ne savait pas que tu étais assez grand pour t'expliquer ça... Il t'a dit que tu étais un menteur et que tu n'avais rien vu ! »

L'enfant avait alors regardé sa mère, bouleversée, et, retrouvant toute sa motricité, il s'était précipité entre son père et sa mère, allant de l'un à l'autre, comme un enfant qui retrouve ses parents. Trois jours plus tard, Pierre était complètement guéri...

Quel cas exemplaire ! Il nous montre que la jalousie à l'arrivée d'un petit frère ou d'une petite sœur n'est souvent qu'un train qui peut en cacher un autre, qu'un arbre qui cache la forêt : celles qui ont jalonné la vie d'Œdipe, de son abandon dans les bois jusqu'au meurtre de son père et sa propre disparition dans le bosquet sacré de Colone... Mais « Œdipe était-il jaloux ? », interrogera Hélène Sallez. Et que dire de l'interdit de voir cette scène primitive qu'est l'accouplement parental, que dire de cette forêt d'arbres généalogiques où s'enracine notre conception, toujours invisible à nos propres yeux, puisque nous ne pouvons pas en même temps en être le fruit intra-utérin et le témoin ? Or, à l'origine, c'est bien de tout cela dont il s'agit lorsqu'on ouvre ce mot-valise que l'on nomme jalousie : l'être humain osera-t-il garder l'espoir d'en sortir et défier ainsi la légende de la boîte de Pandore ?

Retour aux sources

« Jalousie » est une francisation de la « *gelosia* » italienne, provenant du mot « *gelos* » (1160) à partir du « *zelosus* » latin, qui signifie plein d'amour et de prévenance. Le mot, selon Alain Rey[15], appartenait primitivement au langage religieux : il désignait la vive ardeur à servir la cause de Dieu, d'un Dieu qui se définissait et s'affirmait justement comme jaloux – « voulant être aimé et servi sans partage ». Par métonymie, la « gélosie » fut d'abord « un attachement vif et ombrageux » qui est devenu « un sentiment mauvais qu'on éprouve en voyant un autre jouir d'un avantage qu'on ne possède pas, ou qu'on désirerait posséder exclusivement. » Il s'agissait aussi des sentiments douloureux que font naître les exigences d'un amour inquiet, le désir de possession exclusive de la personne aimée, la crainte, le soupçon ou la certitude de son infidélité. Et l'on dit « jaloux comme un tigre » !

La jalousie en tant que sentiment est ainsi apparue au XIIe siècle. Pour nous, un amour inquiet, c'est un narcissisme primaire qui n'a pas été sécurisé et n'a pu s'établir dès les premiers fondements de l'être : il sera donc toujours question d'être reconnu, d'être « bien vu »... et de voir, d'épier : car la « *gelosia* » latine était aussi un treillis de lames, de bois ou de métal, qui dissimulait les femmes au regard des autres dans le monde oriental. Une *jalousie* est une sorte de volet qui cache l'observateur alors que celui-ci peut surveiller, jeter un coup d'œil, satisfaire sa « pulsion scopique »[16]. Et l'on nomme aussi « jalousie » l'amarante, cet œillet de poète aux nombreux petits yeux rouges. Jalouser, au XIVe siècle, s'employait pour « regarder avec envie ce que possède autrui » : son sens plus général d'attachement à un bien, un avantage, limité au début à un usage littéraire, a pris, beaucoup plus tardivement, au début du XVIe siècle, un sens courant d'*envie* devant ce qu'un autre possède.

Le mot « envie » provenait de l'« *invidia* », chère à saint Augustin et Lacan : l'individu envieux « regarde d'un œil malveillant et veut du mal ». Il y a une référence au « mauvais œil ». Introduit en français avec un des sens latins d'hostilité et de haine, il se dit d'un sentiment de jalousie haineuse devant les avantages d'autrui, d'où le proverbe : « Il vaut mieux faire envie que pitié » ; mais il signifie aussi le désir de quelque chose, d'où l'expression, « Faire passer à quelqu'un son envie », au sens d'ôter l'envie d'une chose, la contenter en satisfaisant son désir.

Depuis la fin du XVe siècle, « envie de » s'employait déjà pour un besoin organique : « Ça l'a pris comme une envie, brusquement ». L'envie des « femmes grosses », c'est le désir vif, subit, alimentaire que l'on attribue souvent aux femmes enceintes, ce qui a donné naissance par métonymie à l'envie, tache rouge ou marron sur la peau du bébé considérée comme trace d'une envie maternelle insatisfaite au cours de la grossesse, ou d'une émotion. Mais les « envies » désignent aussi les petites peaux qui se forment sur le pourtour de l'ongle, et que certains veulent arracher à la « matrice » de l'ongle. Peu à peu, à l'idée de haine et de jalousie associée à l'envie, l'idée de désir et de souhait s'est également imposée : n'avoir rien à envier, c'est être comblé.

Envier, jalouser, rivaliser, nous sommes sur le terrain mouvant des sentiments, qui inclut même la jalousie du simple bonheur de l'autre. Lacan s'y référait comme à quelqu'un qui vit dans l'équilibre, ne se pose pas de questions et dort sur ses deux oreilles, et qui est en tout cas plus heureux. Ce registre d'une jouissance qui ne serait accessible qu'à l'autre est le seul dans lequel nous puissions situer ce malaise singulier qu'est cette « jalousie de la vie » (*Lebensneid*)[17] : « [...] n'est-ce pas vraiment singulier, étrange, qu'un être s'avoue jalouser chez l'autre et jusqu'à la haine, jusqu'au besoin de détruire ce qu'il n'est pas capable d'appréhender d'aucune façon, par aucune voie intuitive ? ». Ce qu'il attend, mais que Lacan ne dit pas, c'est cette présence sécurisante qui lui fait défaut depuis si longtemps, et qu'un petit rival n'aurait pu entamer si elle avait été solidement établie, comme nous le montrera Hélène Sallez.

« Rival », du latin *rivus* – le ruisseau, ce qui coule, ce qui est mis en mouvement – nous amène au pluriel latin *rivalès* – les riverains : ce sont ceux qui tirent leurs eaux d'un même ruisseau, qui s'abreuvent au bord d'une même rivière. On disait aussi au XVIe siècle le « corrival » pour désigner celui qui concourrait avec d'autres. On en est venu à désigner deux personnes concurrentes en amour et, par extension, toute personne qui prétend aux avantages et biens qu'elle voudrait obtenir.

D'une rive à l'autre, d'un mot à l'autre, nous utilisons ainsi la langue pour exprimer les plus fines nuances de nos sentiments ; nous jouant des mots, pour ne plus en être leur jouet. Même si ces mots ne font que représenter les choses, même s'ils ne sont que du « semblant de chose »[18], sans eux, sans la parole, nous ne nous entendrions pas[19]. Les animaux, qui ne parlent pas, marquent et défendent leur territoire pour trouver de la nourriture et des partenaires sexuels et sociaux. C'est un comportement programmé, inscrit génétiquement dans le système cérébral limbique. Ils n'ont pas à apprendre le marquage, ce système *limbique* leur permettant d'utiliser des marqueurs naturels, comme leur urine et leurs excréments. Transgresser les marques territoriales et la place dans la hiérarchie de dominance, c'est déclarer la guerre et accepter avec les rivaux les combats rituels qui évitent la mise à mort. Chez les humains, lorsqu'un autre enfant paraît, le petit d'homme peut redevenir énurésique dans son sommeil : on parle alors de *régression* ! Mais ne marque-t-il pas tout simplement lui aussi son territoire, comme le démontrent tant de psychothérapies qui tiennent compte de cette modalité d'expression, ou qui laissent l'agressivité de l'enfant s'exprimer sans penser systématiquement qu'il veut redevenir un tout petit bébé !

Justement, *limbus*, c'est le bord, ce qui limite ! L'homme a dressé des barrières et construit des murs pour limiter ses propriétés et les défendre, et sa territorialité est, étymologiquement comme affectivement, « limbique ». Pourrions-nous envisager un monde de partage équitable, sans territoire réservé, où tout serait à tout le monde dans une fraternité ou une sororité joyeuse et sans frontière ? Utopie d'un monde sans jalousie, sans territoire limbique, sans pronom possessif : ma femme, mon mari, mes enfants, mon chien, ma maison, ma voiture ! Sans quête de marques de reconnaissance, sans appétits de puissance, sans titres, médailles, exaltation médiatique, vanités politiques ! Construire des fortifications, dresser des murs, c'est en latin *munire*, d'où les munitions et les « immunités » qui n'étaient qu'exemptions de corvées et autorisation d'échapper aux travaux communaux. Lorsque l'humain se sent si facilement « démuni », la jalousie sévit partout. L'immunité, défense du soi-même, du « *self* », s'élabore à partir d'une identification biologique du moi, avec rejet de toute forme de non-moi introduite dans l'organisme, incompatible avec lui, car la défense immunitaire n'aime pas ce qui lui est étranger. Elle est aveuglément et exclusivement au service de la protection d'un vivant singulier, qui lutte contre les invasions bactériennes ou virales… mais rejette aussi la greffe qui le sauverait. Comment prendre une juste distance par rapport à cette défense immunitaire, à cette armée de milliards de cellules capables de se multiplier rapidement et d'attaquer les cellules étrangères sans nuire aux propres cellules de l'individu ? L'organisme maternel ne nous montre-t-il pas l'exemple, lui qui accepte les premières cellules embryonnaires et paternelles sans les éliminer ? Pourtant, le patrimoine génétique étant mixte, les cellules paternelles devraient être éliminées comme des corps étrangers, mais, grâce à son placenta[20], l'enfant n'a pas été rejeté ! Notre système immunitaire se présente comme un sixième sens qui assure notre vie et notre survie dans un monde dangereux à tout moment.

Mais les dangers affectifs disparaissent quand, sur le territoire de l'enfant qui naît, se trouvent une femme, une mère qui l'accueille et le nourrit, un homme, un père qui le nomme, l'appelle à la vie, et le nourrit, lui, de ses paroles. L'enfant s'identifie alors aux images d'une humanité qui lui offrent la promesse de sa totalité et de sa complétude affective. Désormais, nous ne sommes plus dans l'utopie… si loin de la frustration qui hante ceux qui n'ont pas reçu les premiers signifiants de leur sécurité affective. Pour autant, la jalousie va-t-elle disparaître, elle aussi ? Se vivra-t-elle toujours avec autant de violence ?

La jalousie, lorsqu'un autre enfant paraît ?… interroge Hélène Sallez.

2

La jalousie ? Un point d'interrogation, s'il vous plaît !

Hélène Sallez

Ma participation à cette réflexion sur la jalousie des aînés commence par un point d'interrogation, que l'on retrouve dans le titre même de ce *Cahier*, parce que c'est bien une interrogation qui caractérise ici mon duo avec Bernard This. La jalousie de l'aîné à la naissance d'un autre enfant n'est en effet pour moi ni une évidence ni une fatalité, comme je tenterai de l'exposer dans la suite de mon propos. Un pédiatre, le Dr Jacky Israël, vice-président du GRENN[1], s'étonnait qu'on puisse débattre encore de la jalousie, tout en espérant sans doute sortir des refrains habituels[2] : « C'est justement un terme que j'essaie de ne plus employer, comme parler de caprice, tant il nous enferme ! » Mais il semble qu'il n'est pas encore temps.

Après le lourd silence qui a pesé sur les souffrances psychiques de l'enfant, nous accueillons maintenant les effets pervers de la « culture psy », culture de l'exhibition, de la haine, du conflit comme antidépresseur, de la découverte de la « pulsion de mort » et de sa banalisation. La jalousie d'un aîné vis-à-vis du puîné y est devenu un certificat de bonne santé pour l'enfant et une attestation de bonne conduite pour les parents ; ils l'assument et l'autorisent, ils ont lu les bons ouvrages, les bons auteurs ! Certains parents observent parfois chez leur enfant des comportements inquiétants qu'ils vont rapidement ranger dans la rubrique « jalousie classique à la naissance d'un autre », et aussitôt banaliser : « Il est jaloux. Tout va bien, il vaut mieux que ça sorte maintenant ; si c'était refoulé, ce serait encore pire ! » Et l'affaire est classée, masquant des problèmes parfois graves, mais familialement et surtout socialement incorrects.

Ainsi Eloïse, qui se remet à faire pipi au lit « à cause de la naissance de sa sœur » qui a aujourd'hui 2 ans… mais dont la maman vient très récemment de quitter le père pour un autre homme. Oserais-je une question apparemment subsidiaire : « Et le papa ? »… « Il prend ça avec beaucoup d'intelligence ! », me répond-t-elle. Ils vont rester bons amis. « Jaloux ?… Non ! » Ce n'est guère de mise chez les adultes. Mais chez les enfants, c'est tout naturel. La vie intime et intense des sentiments, souvent inhibée chez les adultes pris par leur vie trépidante et le souci d'efficacité, est de plus en plus facilement déplacée sur les enfants. D'ailleurs n'ai-je pas entendu un jour dans mon cabinet un père me présenter sa « copine », qui n'était autre que la maman de Charlotte, leur fille venue me consulter. Il fut très vite mentionné que Charlotte avait un « fiancé » dans sa classe. Elle avait trois ans : le monde de l'enfance est celui des passions certes, mais pas encore celui des fiançailles. Les adultes, y compris parfois certains psychologues, projettent sur le monde affectif de l'enfant des grilles de lecture inadéquates, et c'est justement le cas en ce qui concerne la jalousie.

Le *Larousse* la définit sous plusieurs angles : un vif attachement à quelque chose, un sentiment fondé sur le désir de posséder la personne aimée et sur la crainte de la perdre au profit d'un rival, ou encore un dépit envieux ressenti à la vue des avantages d'autrui. Mais c'est aussi… un treillis en bois ou en métal au travers duquel on pourrait voir sans être vu.

Les enfants adorent voir sans être vus ! Combien se cachent sous la table, protégés des regards par les longs pans de la nappe, tandis que les parents festoient, combien se cachent dans un placard ou sous un lit ? Serait-ce un reste de la vie prénatale, de ces temps où l'enfant perçoit le milieu environnant dans le giron maternel, sans voir ni être vu, présent mais invisible, et cependant désolé si personne ne s'aperçoit de sa présence ?

Témoin, le petit Pierre de Françoise Dolto, dont vient de nous parler Bernard This (page 44), qui fait en sorte que papa et maman sachent qu'il était là quand ils « jouaient ensemble », aujourd'hui comme jadis, dans ce qui a pu n'être qu'un long tunnel : sa vie prénatale. Presque tous les enfants ont grandi en côtoyant les jeux sexuels de leurs parents… Mais les voir ! Et pour ce père, découvrir qu'il a été vu sans le savoir ! À la violence de ce dire de l'enfant répond la violence du dire du père : « Menteur, tu n'as rien vu ! »

Le petit Pierre reçoit ainsi l'interdit de savoir ce qu'il a vu, par un père qui, lui, ne tolère pas d'avoir été vu. Pierre est anéanti dans la validité de sa parole, mais, plus grave encore peut-être, son père aussi perd l'usage d'une parole véridique, car il instaure le mensonge comme loi. On comprend que Pierre y perde ses jambes et sa stature debout : tout ce qui fonde l'humain est anéanti. Et il n'est guère besoin de faire appel à la jalousie d'un aîné vis-à-vis d'un puîné pour expliquer l'effondrement de Pierre !

« *Attention : un train peut en cacher un autre !* »

Le cas du petit Pierre est un exemple parmi tant d'autres du grand talent de Françoise Dolto. Elle est elle-même étonnée de l'effet miraculeux de cette consultation au cours de laquelle elle « comprend » ce petit garçon, au plein sens du terme puisqu'elle « embrasse » sa cause en le portant dans ses bras et en disant : « Ta maman m'a tout raconté ». Ce « tout » comprend même ce que nous ignorons et ignorerons, mais qui fait problème pour l'enfant. En tout cas, elle le rassure sur sa place et sur celle de son frère, en annulant la menace vitale posée par la mère sur le bébé à venir si c'est un garçon. Si on n'a pas brûlé ce petit frère – deux garçons à la maison, c'est un de trop – c'est peut-être Pierre qu'on brûlera ? Ici, Françoise Dolto énonce avec beaucoup d'humour l'interdit de nuire à la vie d'autrui, ainsi que le réel de la procréation humaine. Voilà de quoi retrouver confiance en l'existence et en ses parents, grâce à cette « drôle de dame ». Elle pose à nouveau les fondations d'une humanité : un espace où un enfant peut oser grandir. Elle prend une position de pédagogue.

Mais, direz-vous, pourquoi ce petit garçon tenait-il tant à ce qu'on allume du feu en plein mois de juin ? L'hypothèse qui soutiendra l'essentiel de mon propos est que Pierre avait senti, comme beaucoup d'aînés peuvent le faire, que maman attendait un petit frère. Il révélait ainsi un savoir non conscient. Désormais, c'était « lui ou moi ». L'un des deux devait disparaître… Nous savons qu'en temps de guerre certains humains ont dû être complices de la destruction d'autrui (les *Kapos* dans les camps de concentration, par exemple) pour sauver leur vie ou celle d'un être cher : c'était là aussi la logique de la survie, mais dans l'horreur qu'elle ait été imposée par des semblables.

Dans de telles conditions, il n'y a plus d'humanité possible, plus de place pour les sentiments, ni d'amour, ni de haine. Je ne vois donc pas dans le cas du petit Pierre un cas de jalousie, mais une affaire beaucoup plus grave de menace de mort, comme en témoignent les symptômes très sévères touchant à la vitalité de l'enfant.

Lorsque l'enfant nous communique ce qu'il sent, sans en être conscient

Le petit Pierre veut qu'on fasse du feu puisque maman porte un deuxième garçon : que la sentence soit exécutée au plus tôt. Ainsi ces vieillards qui se suicident, car ils ne supportent pas l'attente de leur mort. Le petit Antoine, 3 ans et demi, déclare à sa maman, enceinte de 4-5 mois : « Tu sais, le bébé dans ton ventre, il est mort ! » Fantasme de destruction du rival, diraient certains… Mais, deux semaines plus tard, la maman fait une fausse couche et le diagnostic révèle que l'enfant était mort depuis plus de 15 jours. Depuis cette étrange coïncidence, la mère a peur de son enfant. Elle le conduit à mon cabinet quatre ans plus tard, car il souffre d'asthme, et ses premiers mots pour me le présenter sont ce récit ancien. Je confirme alors en présence d'Antoine que les enfants petits sentent des choses que les adultes ne savent plus sentir, et que, comme pour les humains, toutes les fleurs d'un pommier ne deviendront pas des pommes au printemps, ce qui rassure la mère et l'enfant.

La thérapie d'Antoine s'est terminée lorsque son père et lui ont emporté un jeune pommier devenu aussi grand que lui, qui avait poussé d'un des cinq pépins de la pomme qu'il avait choisie dans ma coupe de fruits et croquée pendant sa séance. Cinq pépins étaient tombés du trognon et Antoine les avait aussitôt ramassés en me demandant s'ils pouvaient donner des pommiers, puis il les avait mis en terre dans un pot sur mon balcon. Chaque mercredi, il les arrosait et, un jour de printemps, cinq petites pousses vertes se sont dressées. Nous avons veillé sur elles. Mais les vacances de l'été ont rendu l'arrosage difficile, et un seul petit pommier a survécu à la sécheresse : heureusement, il en restait un ! Les parents d'Antoine venaient de commencer la construction d'une maison et, quelques années plus tard, le petit pommier est allé pousser en pleine terre, pour la plus grande joie de tous.

Antoine n'était pas responsable de la brièveté de la vie du bébé de ses parents. Cependant, il en avait été le témoin impuissant. Au cœur de la pomme, il a saisi l'occasion de faire l'expérience ludique et heureuse de sa responsabilité, et de ses talents de coauteur de la vie, dont parle si bien Frans Veldman : « Devenir une personne, consciente et responsable de ses actes et actions, dépend essentiellement de stimuli, de défis existentiels qui font un appel aux dons et talents innés, aux facultés intelligentes de l'individu, et à son sens moral inné en germe, dès la naissance. »[3] Car, dès avant sa naissance, l'enfant *in utero* perçoit la présence animée d'une intention à son égard, et se déplace dans le giron à la rencontre de cette présence, par exemple celle du père qui se signifie par un contact affectif. Le talent de sentir à l'entour se développe très tôt et peut continuer de se développer. Encore faut-il que les adultes le permettent.

Voir sans être vu

Au-delà de la grille de lecture et d'interprétation de ce qui est donné à voir, et dont nous reparlerons plus loin à propos du vécu prénatal, le dictionnaire *Larousse* met l'accent dans ses définitions de la jalousie sur la possession de l'autre et la crainte de le perdre au profit d'un rival. Elles mettent en évidence une pathologie de la relation à peine perceptible comme telle, alors que les définitions du *Robert*, elles, la soulignent : « sentiment mauvais qu'on éprouve en voyant […] », « sentiment douloureux que font naître chez celui qui l'éprouve les exigences d'un amour inquiet […] »

Ainsi, les deux dictionnaires évoquent la rivalité qui met en scène un tiers : une personne à conquérir, un but à atteindre, un objet à posséder. L'envie, elle, parle de manque, de perte ou d'échec : *in-videre*, c'est voir dedans et découvrir là ce qui manque chez soi… Dans de nombreux mythes, légendes et religions, la vision de certaines choses est interdite, réservée à des initiés : on risque de mourir, de se transformer en pierre, de perdre la vue. Il y aurait des choses qui ne nous regardent pas et qu'il ne vaudrait donc mieux ne pas regarder.

Un jeune père de mon entourage proche revient très blême de la première échographie du bébé qu'ils ont tant attendu, le premier après une fausse couche. Lorsque je lui demande si tout va bien, il me répond que non, qu'il a le sentiment pénible d'avoir mis les yeux où il ne fallait pas les mettre. Il sent qu'il y a eu effraction, transgression de quelque chose qu'il ne parvient pas à définir, lui qui, par sa profession de kinésithérapeute, a coutume de regarder des clichés, échographies, et autres images de l'intérieur.

Thomas m'est adressé pour des accès phobiques de plus en plus fréquents à la vue de certains animaux et objets. Il a 7 ans, et sa mère est enceinte. J'apprends au cours du premier entretien qu'entre 3 et 4 ans il s'est « évanoui » à deux reprises, et c'est au deuxième malaise que ses parents en ont compris la cause : c'est en voyant une échographie prénatale d'un bébé – la première fois, celle de son cousin et la deuxième fois au cours d'une émission télévisée – qu'il a perdu connaissance pendant quelques instants.

Après nos deux premières rencontres, Thomas est empêché de venir par un « rhume de hanche » qui lui vaut de passer une radiographie ! À la séance suivante, il me raconte, avec beaucoup d'émotion, qu'il a vu les os de son bassin et de ses jambes sur les radios. Je les lui fais sentir dans un contact haptonomique, confirmant et respectueux, qu'il goûte paisiblement.

Quelque chose bascule à partir de cette séance, lui permettant de « revenir à lui ». Ses comportements phobiques à base de la « vision » de certaines choses se calment rapidement. Il ne s'agissait pas, là non plus, de jalousie ou de rivalité, alors que la consultation pédopsychiatrique avait mis l'accent sur l'arrivée du bébé, dont on savait que c'était un deuxième garçon.

Voir, c'est mettre dans la lumière du jour. Pour Thomas, c'était dévoiler trop tôt le bébé, dont il avait encore besoin simplement de sentir la présence… De même, naître et voir le jour constituent une épreuve de détachement féconde si elle est vécue dans la sécurité affective.

La sécurité de base : un état où la jalousie n'aura pas de prise

Tous les bébés ne vivent pas la naissance comme une épreuve de détachement réussie : certains la refuseront plus ou moins, d'autres l'accepteront sereinement, voire joyeusement, en ouvrant les yeux éperdument sur ce monde qui leur apparaît, sur ces inconnus pourtant re-connus, nouvellement définis par la lumière.

Sans détachement préalable, voir le monde peut provoquer une séparation violente invivable ; c'est alors une rupture du sentiment de la continuité d'être, même si ce qui est visible n'est pas une menace pour celui qui voit. Le détachement ne rompt pas l'attachement, il le complète. C'est l'ouverture de la relation sur le monde, c'est faire entrer de l'autre et de l'ensemble dans une quasi-symbiose nécessaire ; c'est donner de la profondeur de champ à une relation qui ne doit jamais être une possession.

C'est justement la place rassurante prise par le père dès la vie prénatale, prélude à l'ouverture au monde, pour la mère comme pour l'enfant, dans le réel partagé de la vie. Écoutons Frans Veldman[4] : « C'est le détachement inhérent à la reconnaissance de l'autonomie inconditionnelle de l'autre qui fait que l'on peut s'*attacher*, c'est-à-dire établir un lien affectif avec l'autre par un amour sincère. Si, dans ce contexte, on peut parler d'*attachement*, le détachement y fonctionne comme un acte respectant l'autonomie réciproque, sans coupure du lien affectif. Dans un tel cadre, attachement et détachement se trouvent dans le prolongement l'un de l'autre, comme le jour et la nuit… En effet, ce détachement n'est pas l'opposé, l'inverse, ou le contraire de l'attachement, mais son complément indispensable. » De ceci, il ressort que *posséder* la mère, le père, le bébé, est un fantasme signant une pathologie de la relation que les adultes projettent sur l'enfant qui, lui, n'est pas forcément, et heureusement, dans cette problématique.

Je me souviens avoir vu chez un enfant de cinq ans un grand sourire soulagé, alors que je lui disais : « Vous allez être deux maintenant pour porter papa et maman dans vos bras, ça sera moins lourd ! ». *De la possession au partage*, avais-je senti ce que vit l'enfant dans son monde interne ?

Quelques années auparavant, mon mari et moi préparions nos bagages après un long week-end à la campagne chez des amis. Leur petit-fils, âgé de trois ans et alors enfant unique, me regardait boucler mon sac : « Pourquoi tu t'en vas ? » Je lui réponds que le week-end était fini et que nous allions rejoindre nos enfants qui nous attendent. Il reste un moment silencieux et rêveur, puis me dit : « Moi aussi, j'ai des enfants qui m'attendent à ma maison ! » Étonnée, je lui demande comment ils s'appellent, et il me répond tranquillement : « Papa et Maman ! » Cet échange demeure pour moi une véritable révélation et m'a ouvert un autre angle de vue : celui de la *réciprocité*, que j'allais rencontrer dans l'haptonomie. Le *Larousse*, en 2005, définit l'haptonomie comme une science de la vie affective qui étudie les phénomènes propres aux contacts, essentiellement tactiles, dans les relations humaines. Ses applications concernent la vie entière, de la conception à la mort, et c'est à partir de cette révolution discrète que ma façon d'être au monde et d'être thérapeute a changé, y compris ma compréhension de la jalousie[5].

Non, la jalousie n'est pas une étape « normale » du développement de l'enfant !

La banalisation qui est faite de la jalousie nous met sur de fausses routes et représente, en plus d'une profonde incompréhension, une offense à l'éthique innée de l'enfant normal. Son premier mouvement n'est-il pas de s'identifier à l'autre et de prendre soin de la vie ?

Jean Bégoin, lors d'un colloque sur l'œuvre de Donald Meltzer[6], précise : « La recherche psychanalytique a commencé par l'exploration des états pathologiques, essentiellement des névroses. *La psychopathologie* a donc été le modèle à partir duquel ont été esquissés des essais de reconstruction du développement psychique normal. Ce n'est que très récemment que l'étude directe du nourrisson a apporté des éléments qui remettent en question certains dogmes analytiques sur la pulsion et la relation d'objet et qui permettent aujourd'hui de se rendre compte que *l'on a pu prendre des tableaux psychopathologiques pour des modèles de développement normal et universel.* N'y aurait-il pas des passions joyeuses ? Certainement et l'on pense évidemment aussitôt à la passion amoureuse, en particulier si elle est partagée et qu'elle correspond alors à la découverte enivrante non seulement de l'autre, mais aussi de soi, dans le sens d'une nouvelle façon de ressentir sa propre existence et celle de l'autre. L'exaltation joyeuse qui accompagne cette découverte signe l'accès à un niveau meilleur et plus élevé d'intégration et de réalisation de soi. » Ne peut-on pas en dire autant de la passion qui lie les enfants au sein d'une fratrie ?

Le lien fraternel

À l'écoute du récit des deux frères que nous a conté Bernard This (p. 16), je n'ai pas eu le sentiment qu'il s'agissait d'une affaire de jalousie. Peut-être d'envie : l'épouse envie la force magnifique de son beau-frère et le manifeste dans une expression spontanée et sensuelle. Mais cette déclaration heurte le cadet et lui fait honte. Il ne la reçoit pas comme une confirmation de sa virilité dont il pourrait se réjouir sans pourtant en jouir. La violence de son dire se retourne contre elle, il la lui renvoie en lui faisant honte à son tour ! C'est le jeu de la patate chaude. Comme dans le cas du petit Pierre, le dire de l'intime du sexuel n'aurait pas dû circuler ; il rebondit, dans le conte de la vallée du Nil, jusqu'à l'émasculation du frère cadet. S'il y a des choses qu'on ne peut pas voir, il y en a aussi qu'on ne peut pas entendre : le chant de sirène de la femme de son frère aîné perd le cadet. Elle l'a rendu fou de honte. C'est encore une histoire de paroles : les seuls êtres dotés d'une parole véridique et sage sont les vaches du troupeau. Quelle belle ironie ! Mais c'est surtout l'histoire d'une passion entre deux frères, dramatique dans la soumission de l'un à l'autre. L'histoire ne nous dit pas comment ils en sont arrivés là, mais on peut deviner l'absence de tiers, de parents veillant ensemble à la justesse des relations au sein de la fratrie. L'asservissement du frère cadet à son aîné, qui trouve son point culminant dans le passage à l'acte auto-mutilant, est une affaire de survie. Nous sommes dans le malentendu et la pathologie de la relation.

Comment un puîné peut-il exprimer son amour passionné, son admiration aveugle à son aîné, souvent plus proche et plus précieux que les parents, sans qu'il y ait d'abus ? Ainsi

Émilie, la cadette de 18 mois, et Virginie, s'étaient bien entendues jusqu'à leur adolescence, où Virginie ne supporte plus que sa jeune sœur lui prenne ses vêtements ! Un matin, alors que sa rage est à son paroxysme, sa mère ne lui parle ni de jalousie ni de rivalité : « Et si Émilie avait besoin pour aller au collège d'être enveloppée dans quelque chose qui t'appartienne ? C'est la première fois que vous n'êtes pas dans le même établissement… ». C'en fut fini de ces crises matinales, la plus jeune se sentant reconnue dans un appel très archaïque à son aînée, et cette dernière en respectant aussitôt l'intensité. L'amour qui circule entre frères et sœurs dépend largement de ce qui se joue dans leur âge le plus tendre, et bien avant, entre la mère enceinte et le père, entre elle et les enfants déjà nés.

Comment se rencontreront-ils ? Lorsque le bébé arrivera dans le berceau ? C'est bien avant, pour les plus petits en tout cas ! Pour les plus grands, ce sera d'abord dans l'imaginaire, ce qui peut produire une situation de frustration comme celle-ci : Théo vient à la maternité visiter sa petite sœur annoncée déjà depuis plusieurs mois par l'échographie. Il se précipite vers le petit berceau, se penche et se retourne, très déçu : « C'est pas une sœur ! C'est un bébé ! » Cela nous permet d'apercevoir quels malentendus naissent de ces préparations zélées des parents à l'arrivée d'un bébé : tout savoir, tout prévoir, et tout maîtriser, comme pour accoucher.

Le temps de sentir avant le temps de dire

Grâce à ses perceptions très subtiles, l'enfant sent que quelque chose a changé dès que sa mère est enceinte, souvent avant qu'elle-même ne le sache, comme nous l'a dit Bernard This. Cette irrigation hormonale transforme immédiatement l'odeur intime, ce qui est très sensible pour l'enfant qui la connaît si bien. Cela stimule probablement une mémoire prénatale de l'aîné et peut provoquer chez lui des réactions de plaisir, de gratitude, une attraction irrésistible. On pourrait interpréter à tort ce comportement comme une manifestation de sa jalousie : « Lucie est collée à moi tout le temps, elle a déjà peur qu'on lui prenne sa place ! » Mais non ! C'est ici qu'il faut sortir de la grille d'interprétation dont on est prisonnier. Lucie est comme un papillon devant une fleur qui sent tellement bon, c'est irrésistible ! Et pas seulement pour l'aînée, pour les plus âgés aussi, les étrangers même, qui, sans attendre d'y être invités, se précipitent, parfois sans tendresse particulière pour la mère, vers ce ventre bien rond, les mains en avant, au risque de se faire rabrouer. Voici un mystère qui attire les humains, du plus grand au plus petit, et que l'haptonomie nous a rendu si naturel.

« Avant que je lui aie parlé de quoique ce soit, elle s'est mise à embrasser mon ventre dès que je suis nue, en sortant de la douche ou dans mon lit. » Elle a 16 mois et sa maman est enceinte de deux mois. Animée par ce nouveau bébé, la corporalité de la mère signifie tant de choses à l'aînée ! Elle relie ces deux-là qui se perçoivent grâce à elle, grâce à l'ouverture au monde qui peut être la sienne, grâce à la perméabilité de son être-mère, grâce à cette double présence dont elle peut être capable : présente affectivement autour du bébé au plus profond d'elle-même et au monde, autour de l'aînée et avec le père. La mère développe cette faculté d'être dedans et dehors à la fois, lorsque, femme, elle devient mère. Par exemple, elle peut dormir et sentir à son insu son enfant qui s'éveille à côté et s'éveiller aussi.

« On ne peut pas être au four et au moulin », dit-on. Peut-être que si… Peut-être que nos talents sont plus grands que ce que nous en connaissons. Et peut-être que le père aussi possède ces talents-là et qu'il peut *sentir* lui aussi, avec cette intuition qui n'est pas seulement féminine, comme nous le révèle l'accompagnement haptonomique pré et postnatal. Écoutons à nouveau Frans Veldman : « C'est donc à ses côtés, coude à coude, l'entourant et la sécurisant sans cesse, que l'homme se révèle en tant que père, dans un équilibre tel qu'il n'y ait ni soumission de l'un à l'autre, ni dominance, ni autorité… En raison de sa nature et de son essence, il convient d'approcher une femme avec respect et prudence. Avec "déférence" aussi, parce que la confirmer dans la nature de sa féminité – son « être-femme » –, c'est montrer sa déférence envers la vie.[7] » Une culture familiale que le père soutient, dont il répond, dont il est avec elle responsable.

L'identification et le mimétisme : la communication analogique

Le bébé se porte bien dans le giron, papa et maman vont bien. L'aîné en mangerait de cette maman qui se bonifie, qu'il sent… comme quand ils se sont connus, ou presque… Il y a sans doute des nuances qui nous échappent, mais pas à lui. Voici une autre lune de miel qui commence, comme un bis, mais vécue du dehors et qui va pourtant ranimer, actualiser ce qui est engrammé, en mémoire chez l'aîné. Il se peut qu'apparaissent alors des comportements étranges, des cauchemars, des troubles inexplicables.

Je demande souvent à la maman comment cela se passait pour ce premier enfant, à ce stade-là de sa gestation, et très souvent cela nous éclaire. Cette actualisation des vécus prénataux, interprétée comme une régression jalouse, permet le plus souvent d'exprimer des vécus qui n'ont pas été partagés pendant la vie intra-utérine. Les comportements des aînés à ce moment-là sont très signifiants. De même après la naissance, l'enfant nous révèle, par ses attitudes vis-à-vis du bébé, des vécus de sa propre histoire qui ont été ignorés de tous. Par exemple, lorsqu'un enfant a été étranglé dans la cour de récréation par un autre, il peut avoir recours au même geste en direction de sa poupée, ou du bébé, ou du chat, pour communiquer ce qu'il a subi. Ce mode de communication analogique est le premier et persiste toute notre vie durant, parfois à notre insu. À cause de la terreur engendrée par ce type d'événement, l'enfant ne peut en élaborer de représentation, et il ne pourra donc pas « dire ». À travers les « agressions », la maltraitance à l'égard du bébé comme à travers ses démonstrations d'amour, sa façon de l'approcher, de le porter, d'interpréter les différents pleurs, il va aussi nous faire découvrir comment nous l'avons approché, sans tenir compte de lui, comme un paquet peut-être, ou bien au contraire avec respect et sollicitude, tendrement. C'est aussi notre approche ou celle de ceux qui se sont occupés de lui que l'enfant nous renvoie dans sa façon d'être avec le bébé. Nous ne sommes pas toujours conscients de ce que peuvent faire vivre à un nouveau-né deux mains étrangères qui le soulèvent au-dessus du vide dont il lui est impossible d'appréhender l'étendue. Ces mêmes mains peuvent ensuite le manipuler sans qu'il y soit prêt, sans solliciter une quelconque participation de sa part et donc le traiter comme un objet. Comment signifier cela si ce n'est en le rejouant avec le bébé de la maison ?

Voilà qu'il caresse le bébé doucement, tendrement et, soudain, un coup brutal part, imprévisible ! Cela nous surprend et nous sommes prêts à dire que c'est l'ambivalence des sentiments. Mais c'est peut-être une représentation de ce que l'aîné a pu vivre autrefois, alors que nous n'étions pas conscients de ce que nous faisions : un geste qui avait un sens pour nous, mais qui n'en avait pas pour lui, auquel il n'était pas préparé et qu'il a vécu comme une intrusion violente dans un moment de contemplation tranquille ; par exemple, sa mère l'avait sorti du bain brusquement parce que le téléphone sonnait, ou reposé dans son lit soudainement pour aller aux toilettes… Ces adultes aussi sont tellement imprévisibles !

Je me souviens d'une petite fille d'un an qui attrapait violemment et par surprise le nez de ses parents et le griffait. Si elle avait eu un petit frère, elle aurait peut-être griffé celui de son petit frère, mais elle était encore enfant unique. Elle était très enrhumée et j'ai demandé à ses parents de sentir ce qu'ils lui faisaient vivre lorsqu'ils essuyaient son nez trop plein. Ils ont compris instantanément ce que leur enfant leur signifiait et ont changé leur façon de la moucher. Elle s'est aussitôt arrêtée d'imiter leurs gestes violents ! Ce qu'ils avaient pris pour une incompréhensible violence à leur égard n'était qu'un récit de ce qu'elle endurait depuis qu'elle était enrhumée…

Bernard This raconte l'histoire d'un petit garçon (p. 8) qui casse la tige d'un papyrus et celle de Guillaume qui fait éclater un ballon alors que leur maman est enceinte. S'il l'avait interprété comme un désir de l'enfant d'attaquer, voire de supprimer le bébé qui est à l'intérieur, je ne partagerais pas cet avis.

Ce ne sont pas seulement les enfants dont les mamans sont enceintes qui veulent arracher les plantes vertes. Il y a tous ceux auxquels on n'apprend pas à respecter la vie, y compris celle des plantes. Mais comment et où apprend-on cela ? Je n'interpréterais pas non plus en termes de « désir de mort » le geste d'un jeune aîné voulant mettre un coussin sur la tête du bébé qui ne cesse de pleurer et de répandre dans l'espace un désespoir insupportable. De mon point de vue, notre conception de la vie et de la mort n'a rien à voir avec celle des enfants de cet âge. De même, lorsqu'une mère est en proie au fantasme de jeter par la fenêtre son bébé qui hurle, ce n'est pas pour le tuer, mais pour arrêter cette souffrance face à laquelle elle est impuissante. Cela n'est pas sans nous rappeler certains débats sur l'euthanasie.

Alors, je me ferai l'avocat du diable pour Guillaume, ce petit perceur de ballon. Ne nous raconterait-il pas plutôt de façon mimétique ce qu'il a vécu ? Plusieurs hypothèses s'offrent à nous : à sa naissance, un éclatement du giron protecteur ? Lors des examens médicaux, une ouverture du monde fœtal le projetant avant l'heure dans le monde visible de l'échographie et des ultrasons ? Lors des rapports amoureux de ses parents, une explosion orgastique le laissant à l'abandon… et tout ce que nous n'imaginons même pas ? Tous les enfants ne sont pas en sécurité ou égaux face à ces situations, somme toute banales et, en crevant les ballons, Guillaume avait peut-être trouvé aussi ce moyen de rencontrer le bébé à venir, à la fois si proche et si lointain, et donc persécuteur parce qu'inaccessible.

Cette occasion d'exprimer ce qui a pu manquer à la période néonatale est en fait une véritable chance de vivre la consolation et de réparer ce qui n'avait pas eu lieu. Ce n'est pas toujours, peu s'en faut, ce à quoi nous nous attendions qui se révèle et nous en donnons ici un exemple étonnant. Nathalie et Laurent attendaient leur troisième enfant et faisaient avec moi un accompagnement pré et postnatal haptonomique[8]. Alors que Nathalie n'avait pas envisagé d'allaiter ses deux filles aînées, elle sentait venir la possibilité d'allaiter ce bébé-là, en redoutant de déclencher une grande réaction de frustration chez les grandes sœurs. J'ai aidé ce couple très ouvert à faire confiance à leurs enfants. L'allaitement s'est mis en place pour le plus grand bien du bébé, de Nathalie, étonnée que cela soit si simple, de Laurent fier et heureux de l'épanouissement de sa femme… et des deux sœurs ! Lorsque le bébé pleurait, la plus jeune sœur, âgée de deux ans, venait chercher sa mère, tentait de dénuder ses seins en déboutonnant sa chemise, disant avec beaucoup d'autorité : « Bébé ! » en direction du berceau. La plus grande, âgée de quatre ans, dit à sa mère en assistant à une tétée : « Moi aussi, quand j'étais dans ton ventre, je tétais tes seins. » Elles ont toutes les deux voulu goûter le sein de leur mère qui l'a accepté très simplement. Quand les parents sont sereins, la créativité des enfants est vive et imprévisible et leur sens de ce qui est juste nous est souvent inconnu.

Partager sans diviser est-il possible ?

À l'arrivée d'un bébé, il est plus confortable que les aînés soient en garde ou à l'école. Aujourd'hui, les familles sont moins nombreuses qu'autrefois et surtout la scolarisation est de plus en plus précoce. La répartition de la fratrie entre les différentes instances de garde empêche souvent que les enfants ne grandissent véritablement ensemble. Les aînés entrent alors dans un monde où se développe une intelligence cognitive, favorisant une attitude distinctive voire discriminante, un esprit de classement, d'objectivation, reposant sur la manipulation et la mesure. Quand on partage son gâteau d'anniversaire, Chloé commente : « Chacun en a une part, mais comme elle est petite ! » Les enfants n'auront plus guère la chance de goûter de cette belle façon à un amour maternel où, selon Victor Hugo : « Chacun en a sa part, mais tous l'ont en entier. »[9]

N'est-ce possible que dans la littérature ? S'agit-il d'un temps révolu des réalités de notre vie affective où ressentir l'entier à travers une partie était possible ? Ni l'évolution de notre culture ni l'école n'en permettent guère actuellement l'expérience. Une institutrice dit volontiers, et nous comprenons tous pourquoi : « J'en ai 35 et je ne peux pas être derrière chacun. » Comme cette maman qui sent bien qu'elle n'a pas quatre bras pour ses deux enfants, qui l'expriment : « Alors si nous sommes deux enfants, je n'ai qu'une moitié de maman ». Les mathématiques ont imposé leurs lois, ont structuré notre pensée : partager, c'est diviser et non multiplier. Est-ce que les découvertes passionnantes que nous fait faire l'école ne vont pas bouleverser nos expériences de la vie affective ? Si tant est que nous ayons eu le temps et la possibilité d'en avoir… N'y a-t-il pas le risque de créer deux mondes qui n'obéissent pas aux mêmes lois et qui vont petit à petit nous contraindre à ignorer à l'école ce qui se vit dans le cœur et réciproquement ? À moins que le monde de l'enfance ne disparaisse tout simplement dans cette logique mathématique, chassant l'enfant de ce paradis où 1+1 ne font pas 2, mais 1 dans la symbiose mère-enfant et 3 dans la relation triangulaire père-mère-bébé, où Zéro est un bonhomme habillé tout en noir avec un masque et une épée, et où « rien » n'est que le résultat momentané d'un jeu de cache-cache ! Dans notre civilisation, l'intersubjectivité risque de disparaître petit à petit, l'objectivation de l'autre se développe dans le temps du « moi tout seul » et du « moi d'abord », érigé malheureusement en modèle culturel dans notre civilisation, porte ouverte à la jalousie.

La réalité objective s'impose parfois avec violence, faisant irruption par l'intermédiaire d'un autre dans un monde clos. C'est justement en poussant la porte que le petit Charles tombe sur une scène qui le heurte en plein visage : son papa est en train de donner le biberon au bébé, tellement pris dans une bulle nourricière qu'il en exclut tout autre. Les intestins de Charles se vident d'un seul coup dans sa culotte et il se plaque contre le mur de la pièce pour se tenir debout. Sa grand-mère qui est là sauve l'enfant de son désespoir.

S'agit-il de jalousie ? Charles est sorti du monde intersubjectif de l'empathie, il voit quelque chose, il n'est pas avec. C'est ce recul objectif qui l'exclut, d'autant plus que son père n'est plus présent pour personne d'autre que le bébé, et que l'espace qui le sépare de son père et de son frère est vide, affectivement désert, un gouffre ouvert et infranchissable.

Lorsque nous sommes réunis, sommes-nous séparés par le vide de la distance que nous appréhendons de nos yeux, ou sommes-nous reliés par la continuité du sol que nous pouvons sentir, ou encore par l'air qui nous transmet le son de nos voix, la chaleur et le parfum de nos corps, mais aussi la qualité de nos présences sensibles ? Nous nous retournons parfois, car nous sentons la présence de quelqu'un dans notre dos et qui nous regarde. Cela nous est arrivé à tous et cependant nous ne savons pas comment l'expliquer. Aussi nous gardons cela pour nous, dans un coin de notre pensée... Cela n'entre pas dans les découvertes des apprentissages scolaires et reste le plus souvent des expériences de la vie que font les enfants en les oubliant aussitôt parce que personne ne les partage et ne leur donne de valeur.

Quel dommage ! Peut-être vous souvenez-vous, dans le film *Le bébé est une personne*[10], de la séquence dans le cabinet de Maurice Titran : recevant un petit garçon très pâle et amaigri après la naissance de son frère, Maurice lui dit à peu près ceci : « Tu as vu grossir le ventre de ta maman quand elle portait ton petit frère ? Eh bien ! Son cœur a grossi de la même façon et il y a toujours ta place dedans, et il y en a une pour ton petit frère aussi. » Le soulagement est visible sur le visage du petit garçon. Chacun doit avoir une place, et surtout un bébé ; témoins ces enfants qui représentent un bébé avorté dans le portrait de la famille. Ils ne le savent pas, mais ils l'ont senti et ils ont déjà préparé une place qu'ils représentent à leur façon. S'il n'y a pas une place dans les bras et dans le cœur des parents, c'est l'enfant qui portera l'absent, même s'il n'en est pas l'aîné.

Autonomie et initiative : le nécessaire développement du « moi-même »

Dans la deuxième année de sa vie, l'enfant découvre avec un très grand bonheur qu'il est capable d'accomplir lui-même beaucoup de choses le concernant et prend du plaisir à le faire, même au prix de gros efforts. Il est déterminé à tourner ses nouvelles possibilités vers le monde qu'il découvre accessible, mais aussi vers l'autre à qui il peut apporter du « bon », aussi bien maman que papa, que le chat ou… son petit frère. Dès qu'un enfant parvient à se nourrir à l'aide de la cuiller, il la tourne vers sa mère ou son père et vit une réelle frustration si ceux-ci ne l'acceptent pas et ne s'en régalent pas !

Lucas vient d'avoir une petite sœur à 2 ans et demi. Lorsque je visite cette nouvelle famille, les parents me racontent devant lui qu'il n'apprécie guère que sa maman ou son papa s'occupent du bébé. Lucas acquiesce sans la moindre gêne. Je lui demande : « Si papa et maman ne s'occupent pas de ta sœur, qui va le faire ? » Il me répond sans hésiter et très fièrement : « Moi ! » Se pourrait-il que nous soyons parents avant tout ? Que notre identification et au bébé et aux parents fasse de l'aîné un petit être qui sent les uns et les autres autour de lui, si on lui en laisse le temps et la liberté. Cet enfant sait qu'il sent juste… et parfois plus finement que les adultes.

Un jour, je reçois un couple et leur fille de 7 ans. À un moment, il est question de la petite sœur qui a des cauchemars depuis qu'on lui a retiré sa couche pour la nuit. L'aînée dit : « C'est normal, une couche, ça fait comme une main qui nous tient. Ma sœur, ça lui manque maintenant qu'elle a plus de couche la nuit, alors elle fait des cauchemars. » Je vois la sidération sur le visage des parents qui découvrent chez leur fillette une forme d'intelligence qu'ils ne soupçonnaient pas et que le cadre et les exigences d'un CP laborieusement redoublé ne permettaient guère d'exprimer. Nous ne jouissons vraiment de nos talents que si nous les mettons en œuvre dans une expérience partagée.

L'offense faite à l'humain

L'enfant souffre souvent de ne pas être reconnu dans ses capacités de perceptions très fines. Il les perdra sans doute au fil d'une éducation qui privilégie le *faire tout seul* et l'*avoir pour soi* plutôt que *le sentir pour connaître* et *l'être ensemble.* L'accompagnement prénatal nous révèle que le fantasme unitaire de fusion mère-bébé est une projection sur l'enfant de la problématique adulte. La représentation de l'enfant aspirant à la permanence de son état fusionnel, à supposer qu'il y en eût un, est une offense à sa force de détachement, à son aspiration à la liberté et à sa soif de vivre sa vie.

Lors des séances postnatales avec les parents et l'enfant, si le bébé manifeste un peu d'agitation et pleure, il m'arrive souvent d'ouvrir les rideaux de mon cabinet et de tourner l'enfant vers l'extérieur, vers les platanes qui bordent l'avenue. Aussitôt l'enfant cesse de pleurer et les contemple, parfois au très grand étonnement de ses parents. La contemplation est une expérience forte de la petite enfance, si on l'autorise. Le sentiment de complétude et d'entièreté, le vécu de soi comme *unique unifié,* complet et entier, sont goûtés dans une rencontre affective respectueuse qui anime l'humain dès sa conception et qui a besoin de se retrouver sous d'autres formes au cours de l'existence.

L'offense faite à l'enfant, l'offense faite à la mère

D'où vient cette projection sur l'enfant d'un désir de fusion ? D'un besoin de compenser l'échec de la rencontre affective confirmante ? De la nostalgie d'une union parfaite, celle des gamètes, qui peut en effet être une consolation de la trivialité de certaines étreintes procréatrices ? En effet, un enfant ne se réduit pas à la sexualité de ses géniteurs, aux circonstances de leurs rapports amoureux ou non ; il prend part à la perfection de sa création biologique. Dès les premiers contacts affectivo-confirmants de la rencontre haptonomique[11], l'enfant *in utero* manifeste son intérêt pour l'autre dans la mesure où celui-ci respecte le père et la mère et où celle-ci est invitée dans l'échange. Les réponses du bébé sont toujours sensiblement différentes selon que c'est moi ou le père qui contacte le bébé. C'est la mère qui le constate avec étonnement et qui le révèle au père. Non, il n'y a pas de fusion-confusion *in utero*… et l'enfant « connaît » l'approche de son père !

Au jour de la naissance, ils se reconnaissent réciproquement. Ces vécus précoces instaurent une sécurité affective qui, si elle est confirmée d'étape en étape au cours du développement, ouvre l'enfant au monde et à d'autres défis que ceux de séduire ou de posséder ses parents pour lui seul.

C'est une autre offense que de ne pas reconnaître les mouvements, puissants autant qu'intimes, qui ont déjà poussé l'enfant à la rencontre de l'autre. À défaut de la reconnaissance de cet élan, il peut en effet n'identifier que la part agressive de ses pulsions. C'est alors une part essentielle de son être qui va s'étioler et régresser faute d'avoir été reconnue, celle qui s'identifie à l'autre et y fonde une éthique naturelle, une humanité innée. On doit regretter ici que l'agressivité saine qui nous pousse vers le monde se transforme ainsi en agression parce qu'elle a été bloquée dans l'accomplissement de sa destination.

La jalousie : un arbre qui cache la forêt

Du fantasme d'amour égalitaire à l'art d'être ensemble, de la justice à la justesse, la jalousie peut devenir, sur ce chemin-là, l'arbre qui cache la forêt. Forêt de questions embarrassantes comme celles-ci : qu'avons-nous fait échouer de la rencontre entre ces deux enfants, ou qu'avons nous ignoré de ce qui se passait ou pouvait se passer entre eux ? Sommes-nous au même niveau de communication ? Le sont-ils eux-mêmes entre eux, notamment à cause des différences d'âge, et les adultes ne projettent-ils pas sur la jalousie enfantine l'envie qui circule dans leur propre monde ? La clinique haptonomique, psychanalytique et les psychothérapies d'enfants ne cessent de nous enseigner une très grande prudence quant à nos interprétations et nos projections, car les enfants risquent de les accepter : elles correspondent parfois à une partie de leur vie psychique, mais celle-ci n'est pas toujours la plus profonde et n'est même souvent que le reflet d'une mentalité de groupe. C'est d'autant plus dangereux que cela peut être séduisant, comme en témoigne l'interprétation des pulsions destructrices… et des comportements de jalousie ! Lorsque Steven (p. 13) jette au loin un poupon en jubilant, que nous montre-t-il ? Un poupon, ce n'est pas un bébé et l'enfant fait très bien la différence entre l'animé et l'inanimé. Or, dans de nombreuses cultures, et naguère dans la nôtre, le placenta est appelé le grand frère, ou le petit, ou le jumeau, et il est enterré comme tel avec cérémonie[12]. Et si, pour Steven justement, le poupon représentait non pas le bébé, mais son propre placenta et ce qu'on en a fait ? Aux confins de l'oubli[13], nous savons à présent que la mémoire pré et postnatale reste à l'œuvre[14].

Ainsi pour Léo, trois ans et demi, dont la mère, Brigitte, accouche à la maison. Pendant ce temps-là, Léo joue seul dans sa chambre. Lorsque son petit frère naît, son père l'invite à les rejoindre. Après avoir découvert le bébé, Léo aperçoit le placenta et demande ce que c'est. On lui répond simplement que c'est le placenta de son frère qui a contribué à le nourrir dans le ventre de sa maman. « Et le mien, où il est ? », demande Léo. On lui explique alors qu'il est, lui, né à la clinique et que son placenta y est resté. Il murmure alors gravement : « Il fallait pas le laisser là-bas ! » Connaissons-nous les perceptions subtiles des petits et pouvons-nous prétendre à la compréhension de tout ce qu'ils mettent en scène dans leurs réactions et dans leurs jeux ?

L'offense faite au père

Dernière offense, celle faite au père, le grand absent de la scène, et de toutes les Nativités et autres Vierges à l'Enfant qui embellissent nos musées. Mais ne sont-elles pas justement les témoins silencieux de l'émerveillement masculin ? N'oublions pas en effet que leurs auteurs sont des hommes, et que peindre cette « aura » qui éclaire les deux visages empreints d'une même beauté a dû leur provoquer une émotion esthétique inimaginable. Était-ce leur façon d'y prendre part ? À un moindre degré, il faut entendre la rivalité des uns et des autres autour d'un berceau pour un sourire ou un « areu », et la fascination, voire l'envie, de certains pères devant l'enfant au sein. La présence du père dans le tableau, père réel ou artiste témoin, introduit une éthique de la relation et son ouverture au monde, comme notre pratique le met en évidence quotidiennement. En témoignant de la beauté de la rencontre à sa naissance, le père peut évoquer et confirmer à l'aîné l'émerveillement qui l'a entouré alors et lui redonner sa sécurité fondatrice. Le père l'invite à entrer dans ce cercle de famille qu'il a créé et dans le rayonnement maternel. Mais rien ne se transformerait aussi rapidement en rage que cette émotion, si on était exclu du partage ! Un partage qui loin de diviser est fait pour unir.

Peut-on éviter que la méconnaissance de la nature de l'humain lui vaille d'être ainsi offensé à tant d'égards ? L'entourage prépare l'arrivée du bébé et met en place des stratégies d'accueil pour faciliter son acceptation par l'aîné, ...alors que celui-ci se prépare déjà à sa manière depuis longtemps ! Toutes ces préparations parentales intelligemment pensées peuvent entraver ce qu'il a déjà mis en route affectivement. Pouvons-nous être assez confiants pour accepter que l'enfant, s'il est humanisé par la rencontre précoce de ses parents dans la sécurité affective, nous en apprenne encore beaucoup sur l'homme, et sur certains mythes, ô combien puissants, comme celui d'Œdipe ?

3

Œdipe était-il jaloux ?

Hélène Sallez

Avec la vulgarisation de la psychanalyse, jalousie de l'enfant et rivalité s'associent pour tout un chacun à « l'Œdipe », que tout parent avisé prévoit et commence à gérer le plus tôt possible. Nul aujourd'hui n'échappe à ce passage présenté comme obligé par la culture freudienne, étendue aux manuels et magazines à l'usage des parents. C'est une pensée très puissante que celle de Freud ! Loin de moi de critiquer la perméabilité à sa théorie et à celles des experts qui lui ont donné un caractère oraculaire. J'ai moi aussi emprunté ces chemins, mais avec beaucoup de prudence. Il s'agit en effet d'une conception marquée par son temps, essentiellement masculine, de la vie psychique, ce qui ne va pas de soi pour une femme, même si l'Œdipe de la petite fille a été repéré très tôt par certains, et même par certaines ! Il m'a fallu d'ailleurs du temps pour donner la parole à ma propre expérience, tentant avec d'autres de combler l'interrogation que Freud avait laissé sans réponse sur

« les mystères de la femme », ceux-là même qui l'avaient conduit à inventer la psychanalyse. Et c'est à partir d'une pratique clinique enrichissante que j'ai pu moi-même me démarquer du modèle œdipien.

Comment cette pierre angulaire de la psychologie contemporaine appelé le *complexe d'Œdipe* a-t-elle a pu avoir des conséquences si lourdes sur le regard porté sur l'enfant à peine né, voire sur l'enfant à naître, puisque l'échographie, en révélant le sexe de l'enfant, l'inscrit précocement dans cette problématique ?

Les origines d'Œdipe, racines des jalousies mortifères

Le complexe d'Œdipe

Un des plus célèbres dictionnaires de la psychanalyse[1] le définit comme un « ensemble organisé de désirs amoureux et hostiles que l'enfant éprouve à l'égard de ses parents. Sous sa forme dite positive, le complexe se présente comme dans l'histoire d'Œdipe-Roi : désir de la mort de ce rival qu'est le personnage du même sexe et désir sexuel pour le personnage de sexe opposé... Selon Freud, le complexe d'Œdipe est vécu dans sa période d'acmé entre trois et cinq ans, lors de la phase phallique ; son déclin marque l'entrée dans la période de latence. Il connaît à la puberté une reviviscence [...] »

Cette définition mérite quelques éclaircissements, et particulièrement la phase phallique. Le *Larousse* définit le phallus comme la « représentation du membre viril en érection, symbole de la force virile et de la fécondation, qu'on trouve dans de nombreuses religions. » Lorsqu'on parle de phase phallique, il s'agit du moment où l'enfant s'érige dans sa dimension verticale, prend place et affirme son identité, fécondant la relation de sa parole parlante. Ce processus est à l'œuvre pour le garçon comme pour la fille. Mais pour nous, ce stade ne peut apparaître que s'il est précédé par une phase d'ouverture au monde et d'accueil réciproque. En effet, dès que la vie s'éveille, elle se tourne vers l'autre, le plus petit ou le plus grand. Cette phase-là est première, émanant de la libido vitale, celle qui choisit la vie et l'humanise. Elle est absente de la conception freudienne de la vie psychique qui porte toute l'attention sur la seule phase phallique comme manifestation première et exclusive de la libido de l'enfant, posant le principe masculin de l'érection comme premier mouvement de la libido. Le féminin est de ce fait défini uniquement par son absence, par défaut. De plus, c'est ne pas tenir compte de l'origine du mouvement de « dressement », précurseur de la phase dite phallique, qui est une autre forme de l'expression de la libido vitale commune à toute l'espèce humaine. Nous ne devons pas la confondre avec la libido sexuelle, qu'elle englobe[2].

Lorsque l'enfant est soutenu dès sa naissance par la présence ferme et inconditionnelle du père, ou d'un autre adulte responsable – qui répond à… et qui répond de… – il peut redresser sa colonne vertébrale, précédemment sollicitée vigoureusement par le travail de naissance. Il relève alors la tête sur ses épaules sans que celle-ci ne soit tenue par une main prenante telle une minerve ou un joug. Libre à lui de tourner son regard, de reconnaître et de considérer le monde, qui se présente à lui. Il a la capacité de le faire avec l'aide de notre présence confirmante qui lui permet de trouver la voie de sa verticalité, et l'en priver serait manquer de respect au fondement de sa stature et donc de sa croissance. La précocité de cette expérience de stature verticale est un réel plaisir pour le bébé, et cela se traduit par l'ouverture des yeux, l'intensité du regard, et même par un sourire ! L'enfant recherche cette expérience chaque fois qu'elle est possible, et la lui procurer est pour nous une source d'étonnement et de joie intérieure : nous promettons ainsi à l'enfant de l'aider à s'élever. En fait, ce dressement du bébé est la première manifestation de la phase dite phallique, confirmée à différentes étapes de la croissance de l'enfant. Elle est commune à tous les nouveau-nés, aux garçons comme aux filles. C'est l'expression de la vitalité humaine. C'est l'*Homo erectus* qui se manifeste dès la naissance et se confirme autour de deux ans, lorsque petit garçon, petite fille goûtent pleinement leur autonomie, bipèdes doués d'une parole chèrement conquise et acquise grâce à la présence aimante, tendre et fiable de leurs parents.

Quant au complexe d'Œdipe, il est construit sur la base de l'histoire d'*Œdipe-roi*, comme nous le verrons plus loin. Il est devenu la métaphore de l'enfant-roi qui nous présente une situation invivable, pour les parents comme pour l'enfant : la toute-puissance tyrannique, à laquelle aucune force contenante ne fait face, est un obstacle au bon développement de son identité, de son authenticité et donc de ses talents innés. Malgré cela, l'enfant-roi est actuellement une composante de notre culture. Dans bien des cas, cette situation provoque chez l'enfant des sentiments d'abandon et de solitude, car le besoin fondamental d'être éduqué, donc guidé et accompagné fermement, n'est pas satisfait ; c'est en fait une véritable frustration, masquée par des gâteries aussi néfastes qu'infinies. Ce n'est pas le fruit du hasard si Œdipe est revenu dans notre culture comme un… revenant, un mort mal enterré, un mythe entériné un peu trop rapidement. Œdipe est de retour, et d'une actualité brûlante dans notre société de l'enfant-roi, qui n'a rien à voir avec l'enfant aimé, suffisamment aimé et avec discernement, dans le respect de sa personne, pas encore « une grande personne » ! Il est temps ici de revisiter l'histoire d'Œdipe, dont on oublie toujours le commencement. Ceci est une source de malentendus graves, qui nourrissent une perception inadéquate du développement de l'enfant… et de la jalousie en particulier !

L'histoire d'Œdipe : l'annonce d'un enfant menaçant

Le *Larousse* nous apprend qu'Œdipe est un héros légendaire thébain, fils de Laïos, roi de Thèbes, et de Jocaste. Un oracle avait prédit à Laïos que son fils le tuerait et qu'il épouserait sa mère. Épargné par les bêtes sauvages auxquelles il est abandonné dès sa naissance, il est recueilli par un couple de bergers qui le sauvent en lui taisant ses origines, d'autant plus qu'eux-mêmes les ignoraient. Ils le portent au roi et à la reine de Corinthe où Œdipe est élevé princièrement. Adulte, il reçut de l'oracle de Delphes le conseil de fuir sa patrie, sous peine de tuer son père et d'épouser sa mère. Mais en Phocide, il se querella avec un voyageur et le tua : c'était Laïos, son père biologique ! Il arriva à Thèbes, où le Sphinx lui posa les énigmes qu'il soumettait aux passants ; il sut répondre et le Sphinx se tua. Les Thébains, reconnaissants, firent d'Œdipe leur roi, qui prend alors Jocaste, sa mère biologique, pour épouse : l'oracle était accompli. Pour châtier les crimes, pourtant involontaires, d'Œdipe, les dieux dévastèrent Thèbes par la peste. Œdipe, bientôt conduit à connaître la vérité, se creva les yeux et Jocaste se pendit. Chassé de Thèbes par ses fils, guidé par sa fille Antigone, il finit ses jours près d'Athènes, à Colone. Est-il pensable que ce soit d'un tel drame que provienne l'expression si banale aujourd'hui : « Faire son Œdipe » ?

Œdipe connaît les réponses aux questions les plus difficiles que pose le Sphinx, mais il ne connaît pas la réponse à la question : « Qui suis-je ? ». Il ne sait pas qu'il y a falsification de son origine, il ignore qui sont ses géniteurs auxquels il fut arraché pour éviter la condamnation énoncée par l'oracle, châtiment des fautes passées de son père Laïos. Aussitôt né, l'enfant est privé de ce qui aurait dû être la protection aimante de ses parents. Une fois encore, comme dans *La Belle au bois dormant* où la parole de la fée sur le berceau va s'accomplir inexorablement, l'oracle aura raison de toutes les tentatives d'éviter l'accomplissement de la prédiction funeste. L'ardeur zélée apportée à tenter de la neutraliser ne trahit-elle pas déjà la soumission à la prophétie terrifiante ? La parole de l'oracle vient à l'oreille d'Œdipe qui ne peut que s'y méprendre : il doit fuir ceux qu'il croit être ses parents pour éviter le drame, et c'est alors qu'il achève la réalisation de la prédiction. C'est ainsi que ceux que le destin a séparés violemment dès les débuts de la vie se retrouvent dans la violence inhumaine qui les poursuit : ici, le meurtre et l'inceste.

Cette terrible histoire nous conte un drame qui ne saurait pour nous représenter un modèle de développement normal, mais qui illustre bien des souffrances et une pathologie des relations parents/enfants, telles qu'on pouvait en trouver dans la bourgeoisie viennoise et que Freud a pu connaître : une enfance à distance des parents géniteurs, confiée à des mercenaires dévouées, une histoire paternelle pleine de points d'interrogation, comme celle de Laïos et que nous dévoile l'étude de Marie Balmary, *L'homme aux statues : Freud ou la faute cachée du père*[3]. Des souffrances toujours contemporaines ? L'enfant, une menace ? Destructeur potentiel de la vie et des positions respectives du père et de la mère, c'est ainsi que l'oracle le présente.

Lorsque l'omnipotente passion du couple nourrit le fantasme de la possession de l'autre, quel bouleversement que l'arrivée d'un tiers : l'enfant – alors qu'il et elle se regardent dans les yeux de l'autre comme dans un miroir… Il faut désormais tourner ensemble son regard vers l'enfant. Le passage de deux à trois est une épreuve initiatique, une révolution[4]. C'est l'enfant qui va déclencher cette révolution si elle n'a pas encore eu lieu, et ouvrir l'intimité du couple au monde : de « tout l'un pour l'autre » ils vont être « l'un et l'autre ensemble » pour la vie, pour accueillir la vie généreusement.

L'enfant chasse-t-il son père en prenant place dans le giron de la mère ? Combien de couples ne craignent-ils pas de ne plus pouvoir s'étreindre pendant la grossesse, voire pendant l'allaitement ? Que sont les seins de la femme ? L'instrument privilégié de la vie qu'elle continue de transmettre, ou l'instrument d'un érotisme exclusif et jaloux ? Ou encore le lieu d'un accueil tendre où se re-poser, où se re-trouver, qui n'exclut aucun lien d'amour respectueux de cette générosité.

Est-ce l'un ou l'autre ? La mère ou l'amante ? Le père ou l'enfant ? L'abandon ou l'inceste ? Aldo Naouri ne déclarait-il pas sur France-Inter que le père doit séparer l'enfant de sa mère pour qu'elle s'occupe de son homme ?[5] *En coupant symboliquement ou non le cordon ombilical,* le père détache l'enfant de son placenta, pour le bien de la triade : celui de l'enfant qui a besoin de se vivre libéré de l'attachement à l'utérus devenu insuffisant, celui de la mère qui a accompli une part vitale de sa mission, celui du père qui goûte la bonté de sa force lorsque sa présence permet à chacun de conquérir et de jouir de sa liberté d'être au monde, autonome et ensemble, dans le respect des besoins vitaux de chacun. Une mère peut allaiter son enfant dans les bras de son compagnon, et permettre à celui-ci de découvrir que le plaisir d'être proches, leur érotisme d'amants, permet aussi au lait de circuler plus généreusement encore. La rencontre des deux regards de son père et de sa mère, penchés ensemble sur lui, procure au bébé une sécurité profonde que les parents déchiffrent dans ses yeux. Leur plaisir érotique se transforme en ces instants en joie profonde, qui irradie le couple de l'expérience d'un plaisir nouveau.

Œdipe : d'une parole qui détruit à une parole qui instruit

Au contraire, la problématique œdipienne illustre une fatalité, celle d'une histoire d'amour ratée, d'une rencontre avortée entre un enfant et des parents possédés par le pouvoir d'une parole dominante, une parole qui sépare et non qui relie.

Si nous acceptons à notre tour cette prédiction : « Tout enfant dans son développement doit faire son Œdipe », *alors nous perpétuons la fatalité de l'oracle.*

« Attention à vos couples : l'arrivée d'un enfant les fait exploser ! », disent à peu près tous les magazines féminins voire familiaux lorsqu'ils parlent de la naissance. Est-ce pour cela aussi que la natalité a été en baisse et que la procréation a besoin d'être de plus en plus souvent médicalement assistée ?

La parole de l'oracle retentit-elle toujours à nos oreilles ? Et si l'histoire pouvait s'écrire autrement que dans la répétition des drames du passé projetés devant nous ? Je citerai à ce propos un extrait d'une communication du Dr Jean Bégoin intitulé « Le complexe d'Œdipe selon Freud et Mélanie Klein, éclairé par le devenir soi »[6]: «[...] je trouve la dénomination de complexe d'Œdipe malheureuse pour plusieurs raisons. Tout d'abord, c'est une appellation très culpabilisante, alors que justement les petits "Œdipe" ne souffrent déjà que trop et trop massivement d'un excès d'angoisse et de culpabilité qui entrave leurs capacités à investir positivement leur sexe biologique [...] cette dénomination est très réductrice, car elle vise seulement les aspects pathologiques du développement du sentiment d'identité sexuelle. Elle enferme, en outre, ce développement dans un contexte mythologique primitif qui comporte les pires violences, inceste, meurtre, suicide. Ces violences sont trop souvent prises à la lettre, par exemple le fantasme de meurtre du père. De tels fantasmes peuvent, certes exister, mais, dans la majorité des cas, ils doivent être relativisés et surtout interprétés comme exprimant le plus souvent la terreur de se voir soudain privé de la protection du "bon" père, surtout justement lorsque celle-ci n'a pas été vraiment suffisante. L'appellation de "complexe d'Œdipe" fournit finalement l'exemple princeps de l'erreur qui consiste à prendre des structures psychopathologiques pour des modèles de développement. »

Témoins ces mères tenant leur bébé à distance, préoccupées dès avant la naissance, parfois à la simple annonce du sexe de l'enfant, par la pensée déjà très puissante de « son Œdipe » qu'il faut préparer. D'où vient cette parole d'oracle à laquelle il faudrait se soumettre sans discernement ? Elle est une menace pour chacun puisqu'il n'y aurait pas de place pour deux... « Entre le père et l'enfant... entre être mère et être femme, il faut choisir ». N'est-ce pas là l'expression d'un des aspects de la philosophie classique, celle de la dualité[7] ?

Et si ce n'était pas l'un ou *l'autre, mais l'un* et *l'autre ?*

Si nous nous situons sur le plan de l'affectivité ouverte au monde et non plus de la seule sexualité et de ses exigences exclusives, alors nous sortons de la dualité et nous changeons de niveau : un homme n'est pas une femme, mais ce sont deux êtres humains. Dans leur humanité, ce sont des semblables. Comme un père et son enfant sont les êtres chers d'une femme, de celle qui est liée à eux par la vie qu'elle a reçue de l'un, et transmise avec lui à l'autre. Nous dépassons la parole de l'oracle et sa perspective exclusive sans avoir à la combattre. Père et fils peuvent œuvrer ensemble, au nom ce qui les dépasse et les relie à la fois : la vie et sa richesse complexe, la place pour chacun au sein d'un projet commun qui n'en exclut pas le jeu. La filiation a aussi produit pendant des décennies des entreprises prospères et enrichi des savoir-faire irremplaçables... sans parler de La Trinité chrétienne : le Père, le Fils et l'Esprit-Saint, qui reste cependant pour nous un Mystère.

Nous quitterions le registre de l'avoir et son cortège d'angoisses, de perte et de manque : avoir l'autre exclusivement pour soi est un fantasme qui tente de pallier le manque d'être soi. Nous pourrions alors entrer dans le registre de l'être : un humain – homme, père en germe dès sa conception ; femme, mère en germe dès sa conception. L'enfant, accueilli sereinement par ses deux parents ensemble, et choyé dans une sensualité chaste, prend connaissance d'eux comme eux aussi prennent connaissance de lui, goûtant l'odeur et la douceur de sa peau, la chaleur et le rythme de son souffle, la mélodie et la profondeur de sa voix, la lumière et la force de son regard, gardant au plus profond la mémoire ineffaçable de son être, prête à resurgir à la moindre menace, comme un moule attestant l'œuvre originale. Une telle expérience rend la confusion impossible. Impossible de ne pas reconnaître son enfant dans ce passant croisé sur le chemin, lorsque celui-ci a été porté sur le sein, peau à peau, cœur à cœur. Impossible de confondre cette intimité avec celle des amants. Qui l'a vécue le sait et n'a pas besoin de s'inquiéter de cela.

Dans son très beau livre, *Sous le signe du lien,* Boris Cyrulnik[8] ne nous raconte-t-il pas que, lorsqu'on confie à un chimpanzé adulte une petite femelle orpheline, il la cajole tendrement et l'éduque avec soin jusqu'au moment où celle ci développe une conduite de séduction. Alors il l'éloigne ou s'éloigne, afin de laisser se dérouler la puberté de cette petite femelle. L'auteur souligne que la relation intime de maternage et de *paternage*[9] est une protection naturelle contre l'inceste, il n'est pas même nécessaire d'en énoncer l'interdit. Mais il en va tout autrement si l'animal vit en captivité… Et l'Homme ? Serait-il captif ? Prisonnier de ses représentations, de son passé ?

Force est de constater que l'histoire d'Œdipe n'appartient pas à la relation humaine nourrie par la vie affective, mais au monde de la parole toute-puissante, malveillante puisqu'elle prend le pouvoir sur l'expérience de la relation, soumettant l'ouverture du possible aux projections d'un imaginaire sinistre. La prédiction et la prévision prennent le pas sur le présent. L'angoisse de l'inconnu oblitère définitivement la rencontre. Ainsi, nous recherchons toujours plus « l'enfant parfait » : en témoignent les explorations anténatales actuelles, et les préoccupations psychologiques et éducatives des jeunes parents qui veulent s'instruire et se préparer à être « des parents parfaits » ! Nous sommes dans une culture de la maîtrise de l'avenir, où l'homme se veut assuré du succès avant d'entreprendre, que ce soit une guerre ou une descendance. La consultation des oracles rend possible l'illusion de maîtrise. En cela aussi notre monde contemporain est très proche de la civilisation grecque, car nous avons aussi nos oracles, et nous comprenons qu'Œdipe soit d'actualité, d'une cruelle actualité. Mais certainement pas un modèle du développement normal de l'enfant !

Notre langue maternelle, le français, et une part importante de notre culture plongent leurs racines dans la Rome et la Grèce antiques, comme l'a évoqué précédemment Bernard This. Faut-il voir là une cause de la permanence des héritages de l'Antiquité ? Freud n'affectionnait-il pas tout particulièrement les statuettes antiques, mystérieusement inséparables de son inspiration créatrice ? À sa suite, les psychanalystes ont fondé les espoirs de développement de la vie psychique sur « la cure de parole », l'expression orale et symbolique, et sur la linguistique.

« Tout est langage », disait Françoise Dolto[10], mais quel est notre premier langage ? Quelle est notre langue maternelle ?

De l'oracle à la berceuse, de la parole parlée à la parole parlante

L'accompagnement des premiers temps de la vie nous enseigne que cette première langue qui relie le petit d'homme à la vie, c'est la tendresse d'un giron, d'un utérus souple lorsque l'enfant s'y installe et qui semble lui signifier : « Tu es le bienvenu » et ce, comme aucun mot ne saurait le dire. Car l'ère de la parole n'a pas encore commencé pour lui, seulement celle de la musique qui fait vibrer le liquide amniotique lorsque les voix des uns et des autres le traversent, celle des émois sensuels de sa mère tendrement approchée par ses êtres chers, dans le respect de la présence de son petit, nourrissant déjà ainsi la confiance qui le portera à la rencontre des autres et du monde. C'est l'ère d'une symbiose *ontique*[11], d'une communication intime d'être à être, *ontos* venant du grec : l'être, ce qui est. L'autre s'annonce déjà, et c'est une promesse. À nous de ne pas en faire une menace, par exemple en projetant sur l'inconnu à venir les schémas anciens du déjà connu.

Prendre contact avec l'enfant dans le giron, c'est prendre connaissance de cet enfant-là d'une façon subjective, avec notre sensualité subtile ; c'est aussi, en se présentant à lui, affirmer qu'il y a déjà de l'autre, encore et comme à l'instant de sa conception, au-delà et au cœur de l'Un.

Dans un essai, *Jalousies*, Denise Lachaud[12] nous dit : « L'état d'enfance est un véritable parcours du combattant. Après le moment difficile du sevrage, l'enfant, quelle que soit sa situation sociale, va vivre l'intrusion. C'est le moment où le petit va réaliser qu'il existe un autre. Et seule la différenciation mère-enfant permet la reconnaissance de l'altérité. La position particulière et idéale à étudier est celle de l'arrivée d'un autre enfant dans la famille. » De quelle place cette femme psychanalyste parle-t-elle – elle qui souligne que Freud était un homme, que Lacan était un homme et que ce sont des hommes qui parlaient ? L'homme tranche, c'est ainsi qu'il sépare, qu'il coupe le cordon, le nœud gordien. La femme, elle, desserre le nœud, tentant avec patience de démêler l'écheveau sans couper le fil... Cette patience est un art, mais aussi une force. Le temps et la confiance de parvenir au terme de ce processus noué sont une qualité féminine qui doit pouvoir s'appuyer sur la présence fiable et forte de l'homme à son côté. Sevrer un enfant est l'art du détachement, ce n'est pas « couper le lait ». L'arrivée de l'autre n'est pas celle de l'autre enfant, mais celle de l'autre adulte, le père. C'est lui qui, en « trinifiant » la relation[13], l'ouvre au monde. « Réaliser qu'il existe un autre », comme le dit Denise Lachaud, est une épreuve du réel qui va de soi et peut s'accomplir doucement dans l'expérience de sentir que la vie est d'emblée au pluriel. L'autre est un « donné » dès le commencement, qui peut se révéler en toute sécurité et dans le plaisir. Si cette ouverture non violente de la relation n'a pas été accomplie par le père ou par un adulte substitut, c'est en effet l'arrivée de l'autre enfant qui jouera alors ce rôle : le mauvais rôle ! Il n'y a pas de fratrie possible dans une meute d'enfants sans père.

Une jeune maman déclarait un jour, au début de l'accompagnement haptonomique prénatal qu'elle faisait avec son compagnon pour leur enfant de cinq mois et demi *in utero* : « J'ai l'impression que mon bébé a senti qu'il était à l'intérieur de moi, à l'intérieur d'un être humain ; il ne donne plus de coups brutaux ; il roule, c'est comme une caresse ; les mouvements de ses membres sont plus calmes et plus doux même quand il y met de la force, comme s'il me disait : je sais que tu es là. » Ainsi des échanges subtils préexistent à l'échange des regards et des mots.

Les « enfants jaloux » de la psychanalyse

Le cadre de la cure psychanalytique a été mis en place par Freud pour pouvoir poursuivre la thérapie d'une de ses patientes qu'il hypnotisait et qui, au moment de fermer les yeux, l'avait entouré de ses bras. Elle actualisait ainsi avec lui l'urgence d'une présence réelle, protectrice et tendre au moment de l'endormissement. Embarrassé par cette expression du transfert, il l'engagea à reprendre ses esprits et... à parler de son père. Mais dans l'émergence d'un besoin aussi fondamental que celui de vivre la sécurité au moment du sommeil, la neutralité analytique ne risquait-elle pas d'être maltraitante, la distance imposée pouvant être alors vécue comme un abandon, répétant en l'aggravant une frustration déjà traumatique ? Mais le jeune Freud avait eu peur... Qu'aurait fait une femme ?

Une femme, *a fortiori* quand elle est mère, sait bien souvent donner, même à un adulte, la présence tendre et sans ambiguïté, dont il ne saurait se passer pour traverser certaines épreuves existentielles. C'est nourrir le courage de vivre lorsqu'il a manqué au commencement. Mais les femmes analystes, élèves de Freud, se sont soumises à son angoisse et c'est toute une culture médicale du soin qui a exclu la proximité tendre et respectueuse – celle de l'amour contenu du thérapeute[14], telle qu'une femme sait pourtant le vivre au quotidien et que certains hommes ont pu découvrir aussi... même si les peurs véhiculées par une culture érotomaniaque les en empêchaient. C'est alors la frustration du besoin vital de rencontre affective dans une proximité tendre, chaste et confiante – frustration qui aggrave l'impossibilité d'oser être soi. Une souffrance se développe alors, installant une attente anxieuse qui exclut tout autre, dans la vie comme dans la cure analytique : « Tiens ! Quelqu'un a déplacé mon divan ! » « Je n'aime pas rencontrer des gens, en croiser d'autres quand j'arrive ici. » « Et vous pouvez vous souvenir de ce que moi je vous dis, avec tout ce que vous entendez des autres ? »… « Pas question ! Je ne vous partagerai pas avec un autre ! Vous êtes mon analyste ! Alors ça, jamais ! »

Ces réactions d'analysants que Denise Lachaud rapporte sont très éloquentes et communes à presque toutes les analyses. L'actualisation de ces assauts de jalousie dans la cure est déclenchée, comme dans l'histoire d'Œdipe, par la distance imposée dès le commencement, excluant toute expérience d'intimité sécurisante. Dans l'attente, non consciente le plus souvent, de la réalisation de ce besoin vital, plane une angoisse qui pourrait s'exprimer ainsi : *c'est dans l'air, mais si cela n'arrivait pas ? Cela m'est dû, et je n'ai pas à payer pour cela… Tout événement pourrait en retarder la venue… Quelqu'un pourrait l'empêcher…* Il n'y a alors de place pour rien ni personne. Surtout ne pas gâcher sa chance, mais la guetter, sur le qui-vive : espoir, frustration de l'espoir, attendre, encore, se résigner. *Et cet(te) analyste, si proche et si lointain(e) à la fois, est-ce de lui, d'elle que tout dépend ?* Quelque chose en nous sait que le sentiment d'exister s'éprouve dans la relation au monde environnant et à l'autre, et que le plaisir et le goût de la vie se nourrissent d'un échange intime, sorte d'empreinte de nos commencements. Nous savons que lorsque notre vie ne nourrit plus cela ou ne l'a pas assez nourri, s'installent des états de doute, de désespérance, d'angoisse ou de dépression. C'est de ce thérapeute que nous attendons le « bon » qui nous a manqué. Est-ce lui ou elle qui le détient ? Ou est-ce dans cet espace de rencontre que ce « bon » peut advenir ? Cela, nous en avons l'intuition, et c'est ainsi que nous pouvons attendre de longues années sur ce divan-là, ou dans ce fauteuil.

Loin des déclarations jalouses que rapportent, avec Denise Lachaud, nombre de psychanalystes, les patients en haptopsychothérapie ont tendance au contraire à nous adresser leurs proches : enfants, parents, amis, pour les faire profiter de la bonne découverte qu'ils ont faite et peuvent partager sans craindre d'en perdre quoique ce soit. C'est au cours de cette rencontre thérapeutique différente, dans un contact porteur de sécurité affective et de respect que peut s'éprouver un sentiment de soi authentique, expérience qui donne à la personne, enfant ou adulte, la certitude d'être complète, une et indivisible, sans risque d'être endommagée dans le partage d'une telle expérience, singulière et intime.

Accueillir et être accueilli

Bien que dénonçant la nature d'abord masculine du discours psychanalytique, Denise Lachaud renonce cependant, dans sa représentation de l'arrivée intrusive de l'autre, à un mouvement spécifiquement féminin : accueillir sans attendre de subir, aller à la rencontre, se tourner vers l'autre dès qu'il s'annonce, par la libre jouissance de l'anticipation préconsciente, prélogique. Cette disposition innée de l'humain à se mobiliser dès qu'un signe de vie se manifeste est évidente dès lors que l'on contacte affectivement un bébé dans le giron de sa mère. Écoutons ici Frans Veldman : « Le nouveau-né montre d'une manière frappante et caractéristique, par un comportement d'anticipation, qu'il attend, désire et cherche la poursuite des contacts affectifs, psycho-tactiles, haptonomiques, vécus et engrammés positivement pendant son séjour dans le giron de sa mère. » L'observation des jumeaux est très intéressante à cet égard : une intense communication *in utero* laisse des traces sensibles dans la vie postnatale, et bien après. Nous y reviendrons dans la quatrième partie de ce Cahier.

C'est l'ouverture à la vie, au monde, et à l'autre qui nous fonde. L'accueil et la curiosité font partie de nos qualités et elles nourrissent l'empathie naturelle pour nos semblables. Ce n'est pas la logique du « pousse-toi de là que je m'y mette », même si, sans proximité affective, elle peut s'installer très rapidement dans les relations de promiscuité.

Ainsi la fameuse « angoisse de l'étranger », caractéristique du neuvième mois de l'enfant[15], n'apparaît pas chez les enfants contactés affectivement avant la naissance. Témoin cette amie pédiatre qui s'en étonnait : « C'est comme si l'enfant en me voyant arriver disait : *"Tiens... du nouveau... ça m'intéresse !"*, au lieu de pleurer et de se tourner, angoissé, vers sa mère. » Comme si la curiosité et le plaisir de découvrir quelque chose ou quelqu'un pouvait l'emporter sur la crainte de l'inconnu, et cela grâce à des expériences précoces de plaisir dans l'environnement de vie pré et postnatale, liées à la présence authentique et respectueuse de l'autre.

Le bon vécu est un bien durable et partageable, et l'autre n'est pas un rival sur ce registre-là puisque, dans la vie affective, partager n'est pas diviser mais multiplier. La logique mathématique est inapplicable dans le monde de l'affectivité : serait-ce une raison suffisante pour faire un blocage aux mathématiques ? C'est plutôt du côté de la poésie que l'on peut aborder ces sujets différemment : Victor Hugo ne nous dit-il pas, parlant de la mère : « Chacun en a sa part et tous l'ont en entier[16] ». Ou du côté de la parabole de la multiplication des pains dans le *Nouveau Testament*. Si l'objet est fractionné, le vécu du don et du « bon » partagé est entier pour tous : il comble en chacun l'attente non pas de l'objet du partage, mais de l'expérience vécue d'être dans le partage, ensemble.

L'humain transmet dès qu'il le peut, et ainsi il multiplie. Ne voit-on pas l'enfant tourner la cuiller vers sa mère ou vers son chat dès qu'il sait l'utiliser pour se nourrir ? Sommes-nous devenus aveugles à ces signes subtils que fait le tout-petit dont le premier élan n'est pas d'évincer qui que ce soit, mais de sentir le goût de la vie en le partageant dans un temps de contemplation ? Pourquoi avons-nous mis à ce point l'accent sur ce qui résulte des situations de survie, à savoir « sauve qui peut… après moi s'il en reste… chacun pour soi… » Ne serions-nous donc que des survivants ? Des humains en sursis sur une liste où il n'y a pas de place pour tout le monde ? L'humain sait et peut pourtant encore accueillir l'autre, même dans les situations les plus désespérées. Certains survivants en témoignent et cela nous bouleverse toujours. Cela nous rassure aussi car nous savons au plus profond de nous que cela est possible.

Pour vivre une telle histoire qui peut être sans image ni parole, dans le contact paisible avec le plus profond de notre être, point n'est besoin de se crever les yeux comme le fait Œdipe. Pour sentir la réalité de l'intérieur, il suffit de ne plus regarder avec ces yeux-là : ces yeux qui déshabillent, qui toisent, qui anéantissent, ces yeux excitables qui s'érotisent au moindre prétexte, ceux qui se font voyeurs et voudraient voir sans être vus, comme nous l'a rappelé Bernard This. Si les yeux sont les fenêtres de l'âme, c'est avec ces yeux-là qu'il nous faut porter notre regard sur l'enfant à naître, sur le nouveau-né dévoilé, comme sur le jeune adulte que sa puberté dévoile aussi, parfois trop soudainement.

Dans une relation humaine authentique, l'un et l'autre s'engagent à la rencontre du meilleur possible, ce qui ne signifie pas qu'il y ait identité des positions ou symétrie dans la situation, mais mutualité d'engagement affectif, de présence attentive et respectueuse. Ceci est à l'opposé de la séduction, de la manipulation, du pouvoir sur l'autre. C'est la non-réciprocité qui fait violence, qui donne le sentiment d'une intrusion de l'un dans le monde intime de l'autre, à défaut d'être intimement au monde ensemble. Lorsqu'ils décident de jouir de leur jeune pouvoir, les adolescents en colère savent créer les situations où notre savoir et notre pouvoir ne nous sont plus d'aucune utilité. Ils nous amènent alors à être au plus près de notre impuissance, désarmés et, si nous y consentons, à demeurer dans notre seule présence affective, celle qui a pu manquer aux commencements et qu'il est grand temps de faire vivre : le roi est nu. Il faut instruire Jocaste, la mère d'Œdipe : celui-ci n'aura pas besoin de détrôner ou d'abattre Laïos, son père. Elle devra les initier à la rencontre, et avec eux nous ouvrir enfin les portes d'une autre culture.

4

Mais qu'a-t-elle donc qu'il n'ait pas ? De la jalousie à l'envie

Hélène Sallez

Lorsqu'un autre enfant paraît, des bouleversements ont lieu aussi chez les adultes et entre eux, bouleversements qui ont commencé dès la naissance du premier et qui vont se poursuivre tout au long de l'éducation de leurs petits. Pour le meilleur pour certains, pour le pire pour d'autres, rarement dans l'indifférence. C'est l'occasion pour nous d'approfondir ce qui distingue l'envie de la jalousie.

La jalousie touche à la crainte de perdre un bien que l'on possède, ou croit posséder, et qui pourrait être ravi par un ou une autre. Alors que l'envie touche un bien que l'on ne possède pas ou que l'on ne sait pas posséder, et que l'autre possède, le croit-on en tout cas. Cette réflexion va nous mener sur un terrain délicat, celui de la connaissance et de la conscience de soi, car bien souvent nous envierons quelque chose à l'autre dans l'ignorance de le posséder nous-même. Et nous pourrons envier également ce qu'il est, sans savoir que nous pourrions l'être aussi…

Permettre et accompagner la découverte de soi

Si tout se passait bien, l'éducation devrait nous permettre de découvrir ce qui est en nous, sans attendre d'avoir à accomplir un « travail sur soi » si souvent nécessaire à l'âge adulte. Une telle situation d'ignorance ou d'inconscience de soi va ouvrir le chemin à un phénomène très puissant que les psychanalystes appellent une « projection ». Cela signifie que nous allons voir chez l'autre un trait de personnalité, une qualité qui nous tient à cœur, qui fait partie de nos représentations les plus chères, et que nous n'avons pas développée alors qu'elle se trouve en potentiel en nous et s'exprime précisément à travers l'envie en question.

« Lorsque l'autre enfant paraît », soulève encore une autre interrogation : nous pouvons, à la naissance d'un enfant, voir « paraître » l'enfant rêvé, celui que nous aurions aimé être, mais que nous n'avons pas pu être, ou celui que nous avons été, mais sans en garder aucune trace vivante en nous, surtout si nous en cherchons rationnellement le souvenir. L'*amnésie infantile,* notion inséparable de la psychanalyse et fondatrice de l'inconscient, est à l'œuvre ici : ce phénomène recouvre l'oubli singulier, quasi programmé dans l'espèce humaine, des premières années de notre vie[1].

L'amnésie infantile, une source de l'inconscience de soi

Combien de personnes en thérapie diront : « Je n'ai aucun souvenir d'avoir fait des câlins avec ma mère, d'avoir été dans ses bras, ou sur les genoux de mon père… », comme preuve de l'absence d'un vécu de bébé bienheureux. Il m'arrive alors de demander : « Vous souvenez-vous d'avoir fait dans vos couches ? » C'est pourtant le cas ! Mais certains temps de la vie ne laissent pas de souvenirs, seulement des traces qui vont nous faire vivre notre existence d'une certaine manière. Il se peut aussi que nous en ayons perdu la trace parce que la vie a changé le code de nos inscriptions d'enfance. C'est comme si nous voulions lire un disque microsillon avec un lecteur de compact disque. Il reste muet, l'information est introuvable par ce système de lecture. Il en est parfois ainsi des souvenirs que nous recherchons désespérément sans les trouver. Ce qui paraît devant nos yeux peut alors nous persécuter, ranimer la frustration d'avoir perdu le lien à l'enfant que nous avons été. Il se peut qu'avec notre propre enfant, ou avec notre conjoint, nous soyons pris dans un jeu de miroir et que nous n'en soyons pas conscients : nous pouvons en effet reconnaître chez l'autre une histoire que nous portons en nous, mais de façon inconsciente parce qu'elle ne nous a pas encore été révélée. Elle fait partie de notre monde intérieur, elle y est inscrite, mais nous ne la re-connaissons, par exemple, que lorsqu'elle se manifeste chez un autre et nous fait envie. L'adulte peut donc souffrir, lui aussi, à la naissance d'un enfant, de sentiments de manque et de rivalité. Il se pourrait alors que l'énergie furieuse de l'envie ne soit qu'une des manifestations intenses d'une frustration : ne pas jouir de ses capacités et talents innés, s'ignorer, ignorer ce qui est en soi, et qui nous échappe comme si quelqu'un nous l'avait dérobé ou confisqué.

« Connais-toi toi-même », c'est ce qu'enseignait Socrate à ses élèves. Cette consigne, toujours à l'ordre du jour dans notre culture, et à l'œuvre dans « le travail sur soi » propre à une psychanalyse, nous pousse à explorer ce continent inconnu : soi. Quelle épreuve, très solitaire parfois, comparée par certains à une traversée du désert ! Mais aussi, quelle jouissance que de se mettre au monde, au centre de son monde, parfois jusqu'au sentiment de s'auto-engendrer en quelque sorte... « Je me connais comme si je m'étais faite. », me disait une patiente. Et pourtant, certains événements de notre existence vont nous bousculer avec une force inattendue, là où nous n'avions pas imaginé que cela fût possible : « Vingt années de psychanalyse ne m'avaient pas mené là où m'a conduit la naissance de ma fille. », me disait un patient. Ainsi, ce travail singulier, engagé depuis parfois si longtemps, va-t-il être transformé par l'arrivée d'un tout-petit, révélation bien connue sous le titre fameux emprunté à Victor Hugo par Françoise Dolto : « Lorsque l'enfant paraît... »[2], autre forme de l'Épiphanie chrétienne.

De la connaissance de soi à la conscience de soi

« Connais-toi toi-même » est une consigne bien difficile à appliquer, surtout si on la prend dans le contexte éducatif de notre culture, c'est-à-dire en y ajoutant implicitement « tout seul ! » On sait pourtant que les élèves de Socrate n'étaient pas seuls dans leur parcours[3]. Le philosophe s'engageait avec eux dans la relation, comme le font souvent les maîtres, bien au-delà de la sacro-sainte neutralité bienveillante !

C'est donc une connaissance de soi toujours partielle, partiale aussi qui nous attend au terme des explorations les plus approfondies puisque nous y sommes seuls, et que nous ne pourrons jamais réduire l'inconscient au conscient. La dynamique de la relation aux autres et de la vie affective en général peut toujours faire naître en nous de nouvelles ressources, des surprises qui développeront la connaissance de soi. Mais connaissance de soi n'est pas encore conscience de soi…

Se connaître, c'est connaître sa nature, avoir observé les potentialités et les caractéristiques de sa personnalité, les particularités de son fonctionnement physiologique, psychique, affectif, avoir repéré ses talents et ses dons, ses forces et ses faiblesses, ses qualités et ses défauts. Être conscient de soi, c'est vivre avec tout cela dans la relation aux autres en sentant ce qui est à l'œuvre chez soi et chez l'autre, c'est-à-dire conscient de soi dans ses interactions avec l'environnement, avec les autres vis-à-vis de qui nous sommes responsables de la portée de nos actes.

Se connaître soi-même et être conscient de soi ne vont pas forcément ensemble. C'est cependant ce vers quoi nous tendons et qui peut nous permettre de goûter le bonheur d'être soi en relation vivante avec le monde. Faute de quoi, le sentiment d'incomplétude risque d'ouvrir une brèche où va s'engouffrer l'envie, et nous allons voir surgir ce mouvement puissant, souvent inconscient et révélé de façon le plus souvent inattendue.

Voici qu'arrive une petite sœur à ce grand frère, ou l'inverse. C'est une bonne nouvelle ! « Il y aura moins de concurrence directe, et donc de jalousie, que si c'était un bébé du même sexe ! » Effectivement la curiosité pour ce nouveau bébé est intense. C'est la curiosité pour les origines de la vie qui est éveillée, la vie du bébé qui vient d'arriver, mais aussi et surtout celle du bébé qu'on a été et que l'on n'a jamais vu, même si papa et maman en ont montré des images, des films. Quelle frustration de ne jamais pouvoir se voir comme on voit la petite sœur ou le petit frère, avec cette liberté de se contempler dans une interaction vivante, gazouillant dans les bras de maman, de papa, ou jubilant au sein.

Cette fois le bébé en chair et en os fait vivre les choses autrement. Ce n'est pas une histoire qu'on raconte, c'est pour de vrai ! Et si l'aîné a développé une expression orale fluide, les questions vont pleuvoir dans le mouvement d'une puissante identification : « Moi aussi j'ai été dans ton ventre ? Par où il est sorti le bébé ? Moi aussi j'ai bu le lait ? J'ai tété le sein ? » La puissance de ces re-vécus peut entraîner une perte des repères que l'on nommera régression, envahissant l'enfant au point de lui faire perdre l'usage de ses jambes, par exemple, pendant quelques heures à l'arrivée du bébé, et de n'être sauvé de cette identification massive que par l'invitation à jouer avec le cousin du même âge. Grâce à lui, le présent reprendra sa place, rétablissant l'actuel et le réel de l'ici et maintenant, de l'usage des jambes et de la position debout ! La relation de l'un à l'autre va et vient dans l'intersubjectivité, dans un jeu d'identification et d'individuation.

L'épreuve nourrissante de la différence

Avant la naissance, la différence des sexes n'est importante que dans l'imaginaire, celui des parents surtout, même si c'est au nom de plus de réalisme qu'elle est recherchée, et l'annonce du sexe du bébé à l'aîné peut être source d'une très grande déception : « C'est pas un frère, c'est un bébé ! » C'est un garçon alors que l'aîné(e) préférait une fille… mais, en fait, ce n'est « qu'un bébé », ni un garçon, ni une fille, ce qui peut produire des réactions inattendues.

Mais si tout se passe bien, c'est d'abord un petit humain, très touchant par tout ce qu'il réveille d'élan de protection, lié à l'instinct de survie chez l'aîné, et d'empathie naturelle, fondement d'une sorte d'instinct parental. Arrivent ensuite des temps d'observation plus objective au moment des soins, du bain. La découverte de l'enfant de l'autre sexe est essentielle, naturelle et passionnante. Le « Qu'est-ce que c'est ça ? » étonné de la grande sœur au moment du change permet de répondre simplement et de situer papa et le petit frère dans une nature humaine différente de soi et de maman. La fratrie est une chance de faire cette découverte dans le cadre intime d'un foyer, guidée et protégée par la présence attentive des parents.

C'est une chance parce que si ces découvertes n'ont pas eu lieu auparavant, elles risquent de se faire à l'improviste, dans la cour de récréation, au-dessous de la ceinture, dans une atmosphère de transgression plutôt glauque, du côté des toilettes de l'école, au vu et au su parfois de maîtres et de maîtresses embarrassés par l'unique alternative : la répression aveugle ou l'ignorance tout aussi aveugle. Comment faire autrement ?

Instruire sans détruire

Nous nous souvenons d'avoir vu dans le cadre de la série d'émissions télévisées de Daniel Karlin, *L'amour en France*, une séquence de découverte de l'appareil génital d'un petit garçon, déculotté en pleine classe par sa très sympathique institutrice, pour éduquer les copines et les copains. Les regards effarés et les gestes nerveux de plusieurs enfants filmés pendant l'expérience auraient dû alerter les auteurs. Cette situation était intolérable pour certains, car elle enseignait, au-delà du projet intellectuellement bien exposé, une intrusion normalisée dans l'intimité exhibée de l'enfant, avec la complicité involontaire de ses camarades[4]. Est-ce à cette attitude, présentée comme pédagogie avancée, que l'on peut devoir des réactions comme celle de cette jeune adolescente de 13 ans qui arriva dans mon cabinet avec deux jeans l'un sur l'autre en me disant : « Deux précautions valent mieux qu'une ! » ?

Mais pourrait-on faire l'éducation sexuelle des enfants sans montrer comment c'est fait, une fille et un garçon ? Cette question en entraîne une autre : « Peut-on instruire et éduquer sans montrer ? Peut-on transmettre sans transgresser les limites de ce qui n'a pas à être vu, l'intimité inviolable ? Jusqu'où montrer pour apprendre ? Ne peut-on donner à sentir affectivement plutôt qu'à voir, en faisant appel aux facultés de compréhension par l'empathie et l'identification ? »

Et si, tout simplement, il n'y avait pas besoin d'éducation « sexuelle », mais d'une éducation du respect et de l'intimité au sein desquels des découvertes peuvent avoir lieu, qui appartiennent à la vie affective quotidienne, et non plus à la curiosité sexuelle. Peut-on approcher quelqu'un simplement pour voir, pour savoir ce que c'est, comme s'il était un objet ? Ou le tâter comme un camembert pour savoir s'il est bien fait ? Mais surtout, se peut-il qu'il y ait, au-delà de la curiosité, une envie réciproque entre masculin et féminin ? Se pourrait-il que le féminin fasse envie à l'homme ? Que le petit garçon ne se contente pas de son privilège visible qu'il est tout à fait seyant de montrer et devant lequel on est prié de s'extasier ?

Un secret bien caché : le féminin dévoilé ou révélé

Freud nous a convaincu de l'envie du pénis qui habitait inconsciemment le féminin et pouvait nourrir en nous le sentiment d'être dépourvue, voire castrée face à l'évidence de la puissance virile[5]. Malgré mon éducation freudienne, je ne suis toujours pas convaincue de cela. Et je remarque un certain nombre d'indices qui confirment mon sentiment, à savoir qu'une envie réciproque pourrait être passée inaperçue et agir « en sous-œuvre », comme disent les architectes. N'y a-t-il qu'un poète pour le chanter en toute candeur, comme Alain Souchon, dans « C'est déjà ça » :

« Rétines et pupilles,
les garçons ont les yeux qui brillent
pour un jeu de dupes :
voir sous les jupes des filles.
Et la vie tout entière,
absorbés par cette affaire,
par ce jeu de dupes :
voir sous les jupes des filles.
Elles, très fières
sur leurs escabeaux en l'air,
regard méprisant et laissant le vent tout faire,
elles dans le suave,
la faiblesse des hommes, elles savent
que la seule chose qui tourne sur terre,
c'est leurs robes légères. »

Freud imaginait-il que l'existence de cette caverne d'Ali Baba, cachée au plus profond de la petite fille, puisse être perceptible alors même qu'elle n'est pas visible, et que le garçon puisse être irrésistiblement attiré par ce mystère ?

Les engrammes de naissance, inscrits chez tous ceux qui ont été portés dans une enveloppante demeure de chair tendre, et qui l'ont quittée vivants par la voie éclairée de la sortie naturelle, comment tous ceux-là pourraient-ils ne pas être sensibles à la présence du giron chez une femme, et même chez une petite fille ? Les jeux des enfants mettent en situation des traces du séjour intra-utérin et du travail de naissance : se cacher sous la table et tout entendre sans être vu, se cacher sous le lit des parents ou dans le placard de la chambre, se fabriquer un tunnel que l'on obstrue et ouvre alternativement, un toboggan que l'on franchit en criant, que l'on remonte comme les saumons remontent la rivière, à contre-courant, à contre-pente, en luttant et en riant ou en fuyant, pleins d'angoisse. Les enfants n'aiment-ils pas mettre à l'abri des regards leurs trésors enfermés dans une enveloppe que personne ne doit ouvrir, même si elle ne contient qu'un paquet de petits papiers pliés soigneusement, ou des « bidules » dont la valeur nous échappe totalement ? C'est secret. Peut-être même est-ce sacré. Ce que porte la femme enceinte est-il encore aujourd'hui un tendre secret ?

Lorsqu'un petit garçon parle d'une petite fille de sa classe qui lui fait briller les yeux, ou de la maîtresse qui a « des cheveux comme du soleil », cela n'a rien à voir avec les différences anatomiques explorables à la récréation, mais exprime la découverte d'une autre nature, subtile, pleine de charme et de beauté, quelqu'un qui inspire des sentiments différents de ceux que l'on a éprouvés jusque-là. Certaines petites filles dégagent une sensualité tellement vive, libre et épanouie, qu'elles révèlent davantage de l'essence du féminin que certaines femmes adultes. Elles ouvrent les bras, tournoient dans une spirale dansante qui emplit l'espace de mouvements d'air léger ; elles coiffent longuement les cheveux longs de celle « qui en a de la chance de les avoir jusqu'aux fesses » et qui accepte patiemment que les amies lui essayent tout une collection de chignons, de nattes et de couettes avec ou sans élastique... Mais qu'est-ce qu'elles aiment donc tant dans ces parures, ces mimiques, ces longues séances de soin, de déguisement, de ramassage et de couture des feuilles de marronniers, de sélection soigneuse des brindilles par ordre de taille ou de couleur ? Et ces aïeules capables de passer des heures à broder des initiales enluminées sur les revers ajourés de leurs draps ou de ceux de leurs filles ? Des arts mineurs, des arts domestiques avant de devenir les Arts ménagers où « Moulinex libère la femme. »

Femmes libérées et nouveaux pères

Que nous disait ce slogan publicitaire des années soixante ? Qu'une bonne machine pouvait remplacer avantageusement la femme soumise aux obligations de son ménage. Et quelle liberté que de pouvoir aller voir une belle exposition pendant que le lave-vaisselle travaille ! Et de fil en aiguille, plus de fil ni d'aiguille... mais une souris et un portable, une carte orange ou un levier de vitesses. Nous voilà dans la mêlée de la compétition, prenant notre revanche sur les brutalités de la cour de récréation, jouant en expertes des armes chèrement acquises sur les bancs de l'école où nous avons perdu la légèreté de nos robes !

Tous à la même enseigne ! « Métro-boulot-dodo » pour elles aussi. Pour elles aussi, les jeux d'une culture de la consommation et de sa société marchande, boulimique de savoir, de conquêtes, de « choses », avec son inséparable inflation de la monnaie et des « ego ». Les feux de la séduction sont allumés : il faut être brillante.

Alors maintenant « on partage, c'est moitié-moitié ». Les hommes font les courses, donnent le biberon... D'ailleurs, pour certaines, ce serait mieux de ne pas allaiter pour que le père ait le plaisir lui aussi de nourrir l'enfant. Certains pères d'ailleurs parviennent à avoir un congé de maladie équivalent au congé de maternité et font leur « couvade »[6]. D'autres vont même jusqu'à déclarer que, s'ils rencontrent une femme ambitieuse qui veut faire carrière et qui gagne bien sa vie, ils ne voient aucun inconvénient à s'arrêter de travailler pour s'occuper des enfants... et ils le font. Les malheureux ? Non ! Les jeux de la compétition professionnelle ont cessé de les faire courir, la carotte et le bâton ont rompu le charme. Pouce ! Comme le disait une dame âgée, pleine d'admiration : « Il faut les voir, ces nouveaux papas au jardin avec les enfants ! Patients, ils jouent dans le sable, poussent la balançoire pendant des heures, donnent le goûter, consolent... Je suis sûre qu'il y en a certains qui donneraient le sein s'ils le pouvaient ! » Petit à petit, les rôles s'inversent : une étonnante inversion qui pose bien des questions.

Autour de la maternité : l'émergence de l'envie

Ces hommes n'auraient-ils pas envié quelque chose à ces mères de famille qui mettaient toute leur intelligence au service d'un art en voie de disparition : être là, à l'écoute, et veiller par la légèreté et la finesse de sa présence à ce que chacun ait ce dont il a besoin pour accomplir ce à quoi il peut s'appliquer ? *Une* qualité d'être qui pouvait se travailler et se transmettre comme d'autres savoir-faire en voie de disparition.

Cette qualité d'être *qui* se paie très cher aujourd'hui : être là, fidèle au rendez-vous, présent(e) pour l'autre, à l'écoute... Combien paie-t-on ces minutes chez un psychanalyste ? Se pourrait-il que l'homme ait un tant soit peu envié cette femme que sa maternité illumine d'un éclat nouveau ? Les « Maternités », peintes ou sculptées par les plus grands artistes de tous les temps, nous l'avons dit, l'ont été par des hommes, toujours, révélant une fascination inavouée et peut-être inavouable puisque cette scène confronte à une certaine impuissance : l'homme n'enfante pas, même s'il fait des enfants[7] !

L'homme accoucheur prend pourtant, dans la salle de naissance, le pouvoir sur toutes ces femmes, y compris la « sage », et sur la jeune mère qui se sent comme une patiente entre ses mains, à lui qui sait et qui peut réussir son accouchement. Mais assister à un accouchement, même pour ce médecin, est-il toujours aussi aisé qu'il le suppose ? Peut-il sentir ce qui se passe en lui à son insu ? Sait-il d'où viennent tant de recours à la technicité médicale et à tant d'actions objectivantes ou auto-protectrices qui lui donnent l'illusion d'une sorte de *toute-puissance* projetée sur la femme ?

Nombre d'auteurs spécialistes de la maternité ou de la psychologie féminine évoquent comme une évidence la *toute-puissance* et le pouvoir de la femme qui donne la vie. Cette vision du féminin s'arrête à ce qui peut sauter aux yeux lorsqu'on veut seulement voir... alors qu'aucune naissance ne peut se réduire à un « donné à voir » : ce serait passer à côté de l'essentiel, de ce qui s'accomplit réellement. Ce « corps tout-puissant » de la femme procréatrice n'est qu'un fantasme masculin qui place l'homme dans une terrible rivalité à notre encontre, et dans lequel certaines femmes sont malheureusement entrées.

« Que veut la femme ? » Question insoluble posée par la psychanalyse freudienne. La toute-puissance ? C'est bien trop pour elle ! Sauf comme compensation à la terrible frustration de ne pas se sentir exister, ou de ne pas pouvoir vivre le « bon » de sa nature. C'est cependant le piège dans lequel pourraient la conduire les méthodes tendant à la « maîtrise » et non à l'accompagnement affectif de ce qui œuvre en elle : l'enfant d'abord, mais aussi et ensemble sa maturité.

Si nous sommes accompagnées sans être infantilisées, nous pourrons aller chercher non pas la puissance de notre corps, mais la force de notre être féminin. Pourquoi accompagnées ? Parce qu'être seule à répondre de, et à un autre être dont la vie s'allume en nous, est souvent « trop » – trop beau, trop fort, trop angoissant... Parce que la vie passe par nous, mais qu'elle nous dépasse, nous traverse parfois au-delà de ce que nous avions imaginé. Nous portons la vie en nous, et son terme ultime aussi : un condensé des mystères de l'existence... alors que nous avions seulement rêvé d'« avoir un bébé ».

La maternité, la paternité : un éprouvé initiatique

C'est une « initiation », et comme telle, c'est une épreuve de maturité qui s'accomplit naturellement, dans la reconnaissance du besoin vital d'y être accompagnée et soutenue inconditionnellement par un être cher, intime, fiable et aimant qui n'aura ni à « faire des choses », ni surtout à être spectateur, mais *présent*, à sa place de père déjà révélée pendant la grossesse de sa femme et confirmée par les échanges prénataux avec leur enfant.

« Je n'envie pas du tout ma femme. Je suis très heureux d'être un homme. Mais je reconnais que ce regard que l'enfant adresse à sa mère en tétant, ou simplement lorsqu'elle le tient contre elle, ou lorsqu'il vient chercher la consolation, c'est une scène qui me fait ressentir une insuffisance... Je sens que je ne peux pas apporter spontanément cela à l'enfant. Et pourquoi ? L'enfant vient chercher chez nous de l'autorité, du jeu, de la sécurité, mais pas ce réconfort aimant que peut donner une mère. » Ces paroles d'un père et grand-père de famille nombreuse expriment une admiration authentique et le sentiment d'une différence naturelle acceptée entre le masculin et le féminin.

Et la paternité ? Sans travestir sa nature ou tenter d'« être comme une mère », le père peut développer son instinct paternel qu'il ignore le plus souvent et que l'enfant va nourrir en lui dès les premiers échanges *in utero*, alors que la grossesse rend la confusion des places tout simplement impossible.

Cela n'est plus si clair après la naissance, et certains pères peuvent à l'occasion d'une difficulté momentanée de la mère, comme une césarienne problématique, par exemple, « rapter » l'enfant et rendre très difficile la restauration de la relation postnatale entre la mère et le bébé.

Accoucher n'est pas enfanter

Enfanter prend du temps et bien souvent nous ne le prenons pas, convaincues que le temps de la maternité se réduit à la durée de notre séjour dans l'établissement du même nom. La médicalisation du processus nous conduit également à considérer que, passé le temps de la convalescence, il sied de reprendre ses activités. Les congés de maternité se confondant souvent avec un arrêt de maladie, il ne convient pas de les prolonger au-delà de ce que la santé rend légitime. Or, si la santé affective de l'enfant rend nécessaire une considération plus large de la maternité que le simple temps d'accoucher, la santé affective et psychique des mères aussi. Il suffit de regarder ce qu'une femelle mammifère manifeste lorsqu'on la prive de ses petits avant qu'elle n'ait accompli leur éducation… Ne peut-on rapprocher les dépressions fréquentes à la ménopause de ces frustrations passées inaperçues à un moment de la vie où un mouvement de forte attraction venu de la société pousse les femmes à conquérir leur place dans le monde extérieur, et à ignorer la force et les exigences du processus d'enfantement ?

Être femme, être mère : ce n'est pas l'un *ou* l'autre, aimerait-on pouvoir dire… Combien de jeunes femmes, se retrouvant seules chez elles avec leur bébé pendant leur congé de maternité, disent : « Je ne me vois pas rester toute ma vie à la maison avec mes enfants ! » Comme si, en effet, c'était un choix définitif, qui impliquait un renoncement à toute vie autre ultérieurement. Cette peur d'être dévorée par sa vie de mère et enlevée de sa place de citoyenne, cette angoisse de se retrouver coupée du monde a fait fuir beaucoup de jeunes mères de leur foyer.

Et pourtant, le nombre de difficultés, voire de pathologies qui se déclarent avant ou en cours de grossesse nous signifient clairement que bien des aspects de la vie professionnelle, telle qu'elle existe dans nos mœurs en tout cas, sont difficilement compatibles avec l'attente d'un enfant, mais aussi avec le processus de maternité, avec l'enfantement. Les Suédois, les Danois qui accordent une année de congé à la mère l'ont compris ; les Hongrois, eux, en accordent trois !

Sera-t-elle encore capable de prendre place dans le monde social après un long temps de parentalité ? Beaucoup en doutent, qui sentent au moment de la reprise de leurs activités que « quelque chose a changé », que leurs pensées ne fusent plus comme avant, comme si un ralentissement cérébral s'était produit, une maman parlant même de la « loucoumisation » de son cerveau… Et si c'était vrai ? Si quelque chose avait en effet vraiment changé, qui implique que les anciens automatismes de pensée fassent place à un mode de pensée plus lent, plus pondéré par de nouvelles questions inimaginables auparavant : qu'est-ce qui vaut que je laisse mon enfant toute la journée à d'autres qui le verront évoluer, sourire en mon absence ? Quel monde lui préparons-nous ? Est-ce à ce monde-là que je souhaite accorder le plus clair de mon temps ?

Ces questions, et l'espace que nous accorderons ou non à leur expression, sont fondamentales, car elles vont participer à notre évolution et à un choix peut-être plus conscient de la place que nous voulons prendre dans la société.

Qui va à la chasse perd sa place !

Se pourrait-il que, tandis que les femmes tentaient de rejoindre les hommes dans l'ascension sociale, un mouvement très puissant et très inconscient ait conduit certains hommes à prendre la place des femmes auprès des enfants, non plus dans les écoles où les maîtresses ont remplacé les maîtres, et les directrices les directeurs, mais autour du berceau, à la maison, dans les cuisines des plus grandes tables du monde, au fil et aux aiguilles des plus prestigieuses maisons de couture… Que s'est-il passé ? De quel refoulé séculaire accueille-t-on le retour ?

« Qu'est-ce que je veux faire plus tard ? Moi, je veux apprendre à lire, à écrire et à compter à mes enfants ! Je voudrais leur apprendre à construire un mur et une maison, à couper des arbres pour faire le toit, ou pour faire un bateau… » Ainsi parlait un garçon d'une dizaine d'années, enfant de parents plutôt intellectuels de la bourgeoisie parisienne…

De quelle envie secrète le masculin a-t-il été saisi, poussant inconsciemment certains hommes vers le foyer, vers les activités domestiques, les métiers de la petite enfance (on commence à voir des hommes « sages-femmes », « assistants maternels », c'est-à-dire « nounou ») ? Alors même que le discours social dévalorisait la position de la « maîtresse de maison », disqualifiait la femme au foyer, devenue après les domestiques la bonne à tout faire, et pour finir une bonne à rien, voici que l'homme à la maison réhabilite les qualités épuisées des arts domestiques, des savoir-faire traditionnels, et y revalorise la présence constante.

« Je ne suis pas jaloux de ma femme, mais j'envie les relations qu'elle a avec les enfants. » Cette parole d'un père séparé, qui met toute son ardeur à satisfaire ses enfants lorsqu'ils sont chez lui en fin de semaine, met en évidence une rivalité qui ne pouvait pas se dire avant la séparation, tant la partie était inégale. Mais, en l'absence de la mère, autre chose peut advenir. C'est parfois après une séparation que les partenaires découvrent les parents qu'ils sont, tant la rivalité les empêchait d'accomplir quelque chose ensemble. Ils n'auront connu que « c'est l'un *ou* l'autre », logique de l'exclusion si chère à notre mode de pensée.

L'initiation empêchée : quand s'infiltre l'envie

Que se passe-t-il devant la scène, parfois si bouleversante de beauté, d'une mère avec son nouveau-né ? Qu'a-t-elle donc cette jeune femme dont le port de tête s'est dressé, dont le regard s'est éclairé et affirmé, dont la parole s'est faite plus profonde, plus chaude et plus ferme à la fois, depuis qu'avec son compagnon elle a mis au monde l'enfant qu'ils ont porté ensemble ? Où puise-t-elle cette intelligence immédiate avec laquelle elle entend les messages énigmatiques de son enfant, cette sûreté tranquille qui la guide dans les passages tumultueux de la croissance de ses petits, et qui fait d'elle un être naturellement compétent vers lequel on se tourne spontanément lorsque surgit une épreuve existentielle délicate. D'où vient ce talent inné que certaines petites filles dégagent déjà très tôt et qui les transforment, parfois beaucoup trop précocement, en petites mamans, pour des frères et sœurs orphelins, pour un parent abandonné ou dépressif, pour un camarade en détresse ? Quel est ce sens de l'autre, du « bon » qui est dû à chacun, du respect du bien inviolable d'autrui, cette générosité simple et évidente, qui peut conduire une jeune mère à donner le sein à l'enfant d'une autre momentanément empêchée, et désespérée de ne pouvoir le faire. C'est ce que me racontait une jeune maman née au Brésil, et allaitée par une jeune accouchée africaine le temps que sa mère sorte de réanimation. Qu'est-ce qui se transmet de mère en fille dans le corps à corps depuis la conception, et qui peut aussi dans certaines circonstances dont une douloureuse absence paternelle, provoquer des duels ravageurs dont les rubriques psy sont friandes ?

Un savoir inné qui nous vient de la nuit des temps et que la vie peut nous révéler tranquillement si nous ouvrons notre esprit à ce qui vient aussi de l'intérieur, et que l'autre fait surgir lorsqu'il fait naître en nous de l'amour, sollicitant et orientant notre sensualité en toute sécurité. Est-ce cette sensualité propre qui nous fait percevoir parfois la réalité d'une autre façon que l'on a longtemps appelé « la logique féminine » avec un mépris certain – expression d'ailleurs aujourd'hui disparue du langage courant, tant cette logique-là s'est retirée sur la pointe des pieds...

Comment en effet faire vivre ce tempérament-là dans une cour de récréation au milieu des jeux bruyants et souvent brutaux des garçons dont l'impétuosité, la force physique et la puissance motrice peuvent faire si peur aux filles ? L'adaptation forcée en contraindra certaines à faire... du karaté par exemple, ou à porter exclusivement des tenues de garçon que la mode unisexe a facilitées, à séduire pour amadouer, ou à attaquer pour ne pas avoir à se défendre... Les différences d'alors, refoulées sans même être devenues conscientes, peuvent être vécues comme violences faites à soi-même, ou injustice profonde... dont l'autre portera indéfiniment la responsabilité. Mais quelle vengeance lorsqu'à la puberté les garçons auront encore « l'air bébé », tandis qu'elles prendront les devants avec leurs allures d'adolescentes, et que leurs performances scolaires leur permettront de « mettre la pâtée aux garçons ». La guerre a commencé et elle n'est pas près de s'arrêter, car la course à la réussite et au pouvoir se révèle palpitante, et tous les coups sont permis.

L'envie de l'objet cache la jalousie du plaisir de l'autre, celle que Bernard This évoquait à la simple vue du bonheur de l'autre : la *jalousie de la vie* (page 48). Lorsqu'un enfant joue dans le tas de sable avec une belle voiture qui fait « vroum… vroum » en grimpant sous sa main, le petit voisin peut regarder avec envie cette scène et aller jusqu'à arracher la belle voiture vrombissante à son merveilleux pilote. Mais voici qu'entre ses mains à lui, elle ne vrombit plus, que ce bruit vivant qui sortait de la bouche de l'autre ne sort pas de la sienne et qu'en plus il faut qu'il la pousse pour qu'elle roule. Ça ne marche plus. Alors, de rage, il la jette au sol en criant : « Elle est même pas belle ta voiture ! » Quand découvrira-t-il qu'il peut lui aussi animer cet objet inerte et le rendre presque vivant, ainsi qu'il l'a vu, de ses yeux *vu,* et surtout que l'on peut jouer ensemble ?

La vie de couple s'établit parfois au détour des parcours professionnels : on se rencontre sur les mêmes chemins. Cela pourrait permettre de mieux se comprendre, les couples pourraient donc être plus harmonieux… Le plus souvent, il n'en est rien. La compétition n'est jamais terminée, et elle se poursuit à la maison où le 50/50 est forcément inégal. Les scènes de ménage semblent parfois des échos de la cour de récréation de jadis, qui n'est pas si loin qu'on pourrait le croire… La mixité « en vrac », telle qu'elle est vécue à l'école, n'a pas permis de faire connaissance ni de s'apprécier mutuellement ; elle a seulement tenté de réduire à tout prix des différences embarrassantes. La règle du chacun pour soi et du moi en premier exclut que quoi que ce soit de bon puisse émerger d'une collaboration, à plus forte raison si elle est mixte.

Comment se prépare-t-on à réfléchir ensemble, à prendre des décisions à deux, à rêver tout simplement l'avenir et à sentir ensemble, à *con-sentir* et à conjuguer ses aspirations parfois si différentes ? Comment découvrir cela ? Comment faire « en sorte qu'une certaine communauté entre les sexes puisse s'établir, au-delà de leur flagrante incompatibilité et de leur guerre permanente, et malgré elles. Et si c'était cela, une version du sacré, la version du sacré que les femmes portent à l'évidence : à savoir la possibilité d'une vie commune entre les deux sexes [...] »[8]. Comment se découvrir dans tout cela ?

C'est peut-être au cours de la grossesse, parfois tardive du fait des exigences de la vie professionnelle, qu'une femme touchée dans son être le plus profond par l'enfant qu'elle porte peut découvrir dans un bouleversement inattendu la femme qu'elle est et qu'elle n'avait encore jamais sentie. Quelle révolution parfois, pour elle-même et pour son compagnon ! Témoin cette jeune femme diplômée d'une grande école de commerce, lancée dans la course folle de son ascension professionnelle et qui, contrainte de changer de rythme pour la garde de leur fille, s'arrête momentanément de travailler, et se met à faire... des chapeaux, chez elle, avec son enfant ! Au bout de quelques mois, elle vend sa collection complète à un grand magasin qui lui passe aussitôt commande de la suite, tant ses créations sont originales et talentueuses. Quelle transformation dans sa toilette, dans sa démarche, dans son sourire et dans sa confiance en elle. Sans doute ne l'avait-elle jamais imaginé. Cela aurait pu faire envie à son compagnon, mais lui aussi est en plein changement...

Est-ce la grossesse intimement partagée de leur premier enfant qui les a « travaillés » ainsi, les reliant au plus profond de leur créativité et de leurs talents personnels, au point de leur faire découvrir d'autres chemins de vie que ceux tracés par leur éducation ? Ce couple très attachant a confirmé, avec bien d'autres, une hypothèse devenue une évidence pour moi aujourd'hui : la venue d'un enfant, lorsqu'elle est vécue ensemble dans une profondeur sereine, révèle aux deux parents des éléments de soi et de la vie, que l'éducation communément délivrée dans notre culture n'avait pas encore sollicités[9]. Mais si un seul des deux partenaires est révélé à lui-même alors que l'autre n'est pas invité dans l'aventure, un décalage peut s'installer et être la source d'un malaise qui tourne au conflit ouvert, ou à l'envie secrète, ce qui n'est pas plus simple à vivre…

Lorsqu'un deuxième, puis un troisième enfant paraît

Voici donc qu'arrive un deuxième enfant dans le trio déjà plus ou moins installé. Pour soulager sa compagne, le père s'occupe davantage de l'aîné tandis que la nouvelle maman se consacre au nouveau-né, surtout si elle l'allaite. C'est une redistribution des positions qui peut parfois aboutir à une organisation très rationnelle : à chacun son enfant ! « C'est plus simple comme ça, pour l'instant en tout cas ! »…

Cela semble aussi une compensation pour l'aîné que d'avoir son papa rien que pour soi, en laissant bébé et maman vaquer à leur symbiose. Mais ce peut être également une réparation pour le père qui avait pu se sentir exclu de la relation à cet enfant au moment de sa naissance. Il peut alors apprécier la présence de ce « compagnon d'infortune » et occuper toute la place à ses côtés ! Cet aîné commence probablement à parler et cela rend la relation plus satisfaisante que celle des premiers temps, plutôt réservée aux mamans. On va en profiter pour aller au zoo, au foot, au cinéma, déjeuner au dehors… Chaque paire vit sa vie, cela fonctionne bien, et peut durer longtemps. On a chacun son enfant : peu ou pas de conflit, pas de cercle de famille non plus. C'est ainsi que certains enfants auront une relation exclusive avec un des deux parents, mais pas le sentiment d'avoir vécu en famille ni en fratrie, ce qui change considérablement la façon d'aller dans la vie.

Lorsqu'un troisième enfant paraît, l'organisation des paires va se trouver modifiée. Les nombres impairs, c'est toujours un contre deux, ou deux contre trois, c'est difficile ! Nombre de parents le disent : « On a deux bras, deux genoux, pas trois. Il va donc falloir se débrouiller avec les moyens du bord. ». Chacun pouvait avoir un adulte pour soi, mais c'est terminé ! Notre conception très arithmétique des relations nous pousse au constat de l'insuffisance numérique des parents. Le nouveau venu va nécessairement introduire une dynamique autre, celle du tiers, encore ! Il y avait deux paires de deux personnes, un carré qui se suffisait à lui-même, et voilà qu'il va falloir un remaniement. C'est la réalisation d'une figure asymétrique qui va devoir s'inscrire dans un cercle… Trouvera-t-on la voie de la ronde que les enfants apprennent à faire et au sein de laquelle il est toujours possible de prendre place, alors que s'y retrouver au centre est une position peu enviable, souvent celle de celui qui pâtit de quelque chose.

Aujourd'hui, le troisième enfant est souvent le dernier. Le « petit dernier » jouit toujours ou presque d'une réputation qui le précède. Les aînés ne manquent pas de constater que les relations entre ce dernier-né et sa mère sont d'une qualité différente. Et la mère a beau tenter de s'en défendre, rien n'y fait. Force est de constater que cet enfant-là jouit d'une qualité d'accueil et d'attention que les autres n'ont peut-être pas connue et dont ils rêvent avec plus ou moins d'amertume. Comment leur permettre en effet d'accepter que leur mère ne soit plus la même que lorsqu'elle portait son premier enfant ? Elle n'était plus la même pour le second; le troisième rencontre une mère « patinée » par les deux enfants précédents. Peut-être s'est-elle débarrassée des idées préconçues, héritées des générations précédentes, confiante en elle-même et expérimentée grâce aux aînés, à distance des autorités et des compétences des autres, en sécurité et dans la maturation de son âge et de sa nature féminine. Lui est-il possible d'assumer une telle transformation ? Encore faut-il la reconnaître et l'accepter déjà dans un premier temps en soi, pour pouvoir l'énoncer comme un fait de la vie et l'exprimer simplement en présence de ses enfants. C'est aussi leur enseigner que certaines choses ne peuvent s'apprendre que dans et par l'expérience, ce qui est un rappel nécessaire aujourd'hui: que les parents n'ont pas fini de se développer même s'ils sont adultes, et qu'enfin, c'est grâce à leurs enfants et à la confiance dans laquelle ils les ont accueillis que cette maturité se poursuit, nourrissant et confirmant leur être dans les épreuves de l'existence. Les aînés pourront, eux aussi, jouir de ces parents plus mûrs, que les enfants suivants leur ont apportés en les faisant évoluer.

Combien faudrait-il d'enfants à une mère pour qu'ait lieu l'épanouissement du « génie de son sexe », selon l'expression de Françoise Dolto, qui, ajoute Bernard This, ne préjuge d'ailleurs pas ici de ce qui est inné et ce qui est acquis[10] ? Et pour le père ? Est-ce le nombre des expériences qui nous instruit, ou leur profondeur, ou poursuit-on la même découverte de la vie, au cours d'échanges singuliers avec des partenaires différents, enfants, adultes ? Refaisons-nous notre vie ou la continuons-nous avec d'autres rencontres, en gardant le fil de ce qui instruit notre humanité et développe notre maturité ?

Ainsi en est-il aussi de notre parentalité, qui a commencé à se développer dans la fratrie s'il y en a eu une, et qui se poursuit avec chaque enfant dans la singularité et la diversité des expériences que chaque relation engage. Si tant est que nous ayons eu la liberté de choisir l'engagement qui pouvait ou aurait pu être le nôtre… Le « petit dernier » est souvent conçu comme tel, c'est-à-dire avec une attention toute particulière, une anticipation nostalgique qui confère à la relation une qualité spécifique. C'est, une fois encore, souvent l'idée qu'on s'en fait qui prévaut sur la réalité de la rencontre. Mais c'est ainsi que beaucoup de parents accueillent un enfant : il y a l'aîné, le cadet, le petit dernier, le benjamin, le garçon, la fille, les jumeaux… et la surprise qu'on n'attendait pas, bonne ou mauvaise. Il a fallu et il faudra à chacun accepter cette distribution mystérieuse des places, mais qui ne saurait compromettre notre liberté de prendre place au monde. « Pourquoi suis-je née la première ? », « Pourquoi ne suis-je pas née la première ? »…

Oserons-nous répondre : « Je ne sais pas… Mais c'est bon que tu sois là ! », et laisser à cet enfant un espace de liberté et de contemplation pour qu'il puisse accepter qu'il n'y ait pas de réponses, sauf celles qu'il trouvera un jour au plus profond de son être ? À moins qu'il n'ait pas eu besoin de se les poser, comme cette petite fille de deux ans et demi s'exclamant : « Mes deux amours ! », en étreignant ses deux parents, un dans le creux de chacun de ses bras. Ses deux amours étaient réunis en et par elle, alors qu'elle semblait vivre à cet instant un sentiment profond de complétude, d'unité indivisible de son être, un plaisir d'être au monde dans la sécurité affective de leur présence synchrone et syntone. Le petit frère qui jouait à ce moment-là sur le tapis du salon ne semblait pas déranger le moins du monde cette joyeuse volupté. Ils gardaient chacun la trace profonde, mais toujours vivante, de leur sécurité vécue *in utero*, confortée par la rencontre aimante de leur deux parents ensemble. Cette expérience, en mémoire pré et postnatale, avait structuré inconditionnellement le développement de ces deux enfants dans l'ouverture tranquille à l'autre.

Jalousie ? Envie ? Un deuxième point d'interrogation s'il vous plaît !

5

La genèse du sentiment de soi

Hélène Sallez

Très précocement, dès l'aube de sa vie, l'être humain est sensible à la présence vivante qui se manifeste à ses côtés. Cette sensibilité, aussi subtile qu'absolue, inscrit des traces qui perdurent toute sa vie et dont l'impact nous est difficilement accessible. Mais quel enseignement pour la compréhension de la force de l'altérité en chacun de nous !

Lorsque l'autre enfant disparaît

La parole véridique qui délivre

En 1983, à Montréal, Françoise Dolto raconte[1] comment, à l'Hôpital Armand Trousseau, elle reçoit pour une première consultation « un couple avec une enfant de 5ans-5ans et demi, muette depuis l'âge de 17-18 mois, qui avait bruité et sonorisé jusqu'à 17-18 mois et était entrée peu à peu dans le mutisme total [...] ».

« [...] Dans un coin il y a un panier avec des bidules, des vieilles poupées, des vieilles bobines, des tuyaux, des cordes, des n'importe quoi que des enfants ont amenés, des petites autos qui sont dans un coin, qui ne servent jamais pour les traitements, mais qui, dans mon bureau, servent pour occuper les enfants pendant que les parents parlent... parce que je veux toujours parler devant les enfants, si les enfants veulent bien, parce que si les enfants veulent s'en aller, la porte reste toujours entrouverte pour qu'ils s'en aillent. Si les enfants restent, c'est qu'ils veulent écouter, et si les parents parlent, c'est qu'ils peuvent tolérer de parler devant l'enfant et moi. Alors moi, je suis aussi attentive aux enfants avec leur manière d'être, qu'aux parents avec leurs mots... Alors, voilà que la mère me dit qu'elle a eu plusieurs fausses couches avant la naissance de cette enfant et c'est pour ça que cette enfant a été pour elle si précieuse... et que depuis, malheureusement, ils n'ont pas pu avoir d'enfant. Alors je voyais cette petite fille qui cherchait dans le panier, qui a tout sorti... les poupées... elle regardait, elle jetait... pendant que la mère me disait qu'elle avait essayé d'avoir des enfants... et puis elle apporte une poupée absolument dégueulasse qui avait été apportée et laissée par une enfant psychotique, qui avait un œil crevé, toute peinte, qui avait les doigts coupés, enfin une pauvre... un pauvre représentant sadisé jusqu'au trognon et toujours habillé, qui était au fond du panier... – aucun enfant ne s'occupait jamais de cette horreur... – et qu'elle a sorti. Elle arrive avec ça, elle le chérit, et elle le met dans les bras de son père qui me parlait, qui ne s'occupe pas du tout du geste de l'enfant... et ensuite elle le resserre contre elle... et, au lieu de le mettre dans les bras de sa mère, elle le met sur le haut des cuisses de la mère et le fait tomber par terre. Il tombe par terre… personne ne fait attention à rien, la mère non plus… que moi qui faisais attention à ce qu'elle faisait… elle va faire un tour je ne sais où, et elle refait trois fois le même système.

Alors, à ce moment-là, je dis à la mère : « Mais, depuis que l'enfant est née, vous avez fait une fausse couche ? » À ce moment-là, elle rit, elle regarde son mari, le regard allumé de joie, de surprise et de bonheur et dit :

« Comment ? Vous devinez les choses ? » Je lui dis :

« Non ! C'est votre fille qui vient de montrer qu'elle a vécu que vous avez un enfant qui est sorti de vous, un enfant mort.

– Mais, c'est pas possible qu'elle puisse se souvenir ?

– Pourquoi ? C'est arrivé ? »

À ce moment-là, la petite fille nous regarde, elle regarde son père, elle nous regarde d'un regard très intense… Je dis :

« C'est peut-être… Vous dites que vous auriez tellement désiré un enfant depuis… peut-être que c'est seulement ça, je n'en sais rien… » Elle dit alors : « On peut lui dire ? Et bien voilà ! »

Pour des raisons médicales, la mère avait dû subir un avortement quand la fillette avait trois mois. Françoise Dolto donne alors son interprétation sur la façon dont l'enfant avait vécu cette histoire.

« Eh bien ! Tu sais, c'est très important, Isabelle, ce que tu as vécu là, parce que c'est comme si ta maman t'avait dit : "Tu vois, les filles, et bien ça doit faire très attention quand ça va avec les messieurs ; faut pas toujours avoir des enfants !" » À ce moment-là, sa mère s'est mise à sangloter, à sortir son mouchoir, à mettre sa tête contre son mari et à pleurer, son mari à la consoler... « Tu vois, tu vois, je te disais bien... ». Elle commençait à vouloir dire qu'elle aurait voulu la garder, etc. L'enfant tire son père : « Viens papa, elle est emmerdante cette dame-là ! »

Le père me regarde, je dis :

« Vous voyez bien qu'elle parle !

– Allez viens papa ! Elle est emmerdante cette dame-là ! On laisse maman ! On laisse maman ». Alors, j'ai dit :

– Pas du tout ! Ton père ne laissera pas maman du tout ! Tu voulais avoir un enfant avec papa, tu étais bien jeune pourtant, tu n'avais que 3 mois, mais tu as dû entendre quand ta mère désirait tellement... » Parce que la mère désirait depuis 3-4 ans avoir un autre enfant et elle n'y arrivait pas...

Voilà cette enfant qui parlait ! Elle m'a parlé par ce geste qui me disait : ce n'est pas les fausses couches d'avant elle... elle n'aurait pas su que ça sortait entre les jambes... elle a peut-être été menacée quand sa mère a commencé à être enceinte d'elle... C'était une enfant hyper précoce et tous les enfants qui ont des symptômes aussi graves, qu'on peut prendre pour des débuts de psychose, des choses comme ça, sont des enfants hyper précoces...

La précocité, alors moi, je ne sais plus où c'est !... Je ne sais plus à quel niveau d'âge physique il faut remonter pour comprendre ce que c'est que l'amour, le désir... ça a vraiment l'air d'être total dès les premiers jours de la vie... en ayant si peu de moyens matériels pour le montrer, enfin pour être compris des adultes... Je crois qu'il y a des passions aussi violentes à 3 semaines, à 3 mois chez les enfants très intelligents et qui ont des perceptions de certaines personnes qui leur correspondent [...] »

Ainsi, la petite fille muette retrouve-t-elle l'usage de la parole, comme le petit Pierre retrouve l'usage de ses jambes. Lorsque les paroles de « la drôle de dame » comprennent l'impossible existence à laquelle l'enfant est réduit par l'interdiction d'une parole véridique et par les menaces de mort qui pèsent sur la vie de l'autre, le petit Pierre marche à nouveau. Nous retrouvons les deux mêmes éléments dans le cas de cette petite fille muette, autre cas exemplaire de la clinique remarquable de Françoise Dolto : la menace vitale sur la vie d'un semblable et l'interdit familial de mettre des mots sur ce qui s'est produit et dont l'enfant a pu être témoin.

Sans doute y a-t-il un événement déclencheur dans ce cas comme dans le cas du petit Pierre. Si le mutisme s'installe après un développement normal des babillages du bébé jusqu'à 17/18 mois, il s'est certainement passé quelque chose qui a activé et « actualisé » la situation traumatique, déclenchant le mutisme de l'enfant, mais le récit ne nous permet pas de le comprendre.

Lorsque Françoise Dolto prend place dans la situation, elle n'occupe pas seulement la position de témoin, elle « comprend tout ». En aidant la mère à donner une réalité à ces événements, elle libère l'enfant de sa place de témoin involontaire et surtout inconscient. Elle le sort d'une double aliénation : la fidélité envers l'absent, et l'obligation de se taire dont il est prisonnier et qui lui interdit, ou lui rend impossible, une vie normale. La petite fille peut retrouver l'usage de sa parole lorsque quelqu'un prend la relève de la garde du secret, et le révèle en le partageant. Elle accomplissait un devoir de mémoire, au détriment de sa liberté d'être et de se développer.

Aujourd'hui, l'attention est fortement portée sur les conséquences parfois dramatiques de certains secrets de famille, et c'est le plus souvent pour insister sur la nécessité de dire ce qui a été tu. Cette politique du « *tout dire* » a provoqué, elle aussi, son lot de catastrophes[2]. Une jeune maman me disait un jour en consultation, comme gage de sa bienveillance maternelle éclairée : « Chaque fois que j'ai une difficulté, je me dis : qu'est-ce qu'aurait dit Françoise Dolto ? et je trouve comment parler à mon bébé ! » Si la jeune maman puisait en cette bonne mère intériorisée une inspiration pour faire face aux situations délicates, tant mieux ! Mais réduire les interventions de Françoise Dolto à ses paroles, c'est ignorer que c'était aussi et peut-être surtout *sa façon d'être là* – avec la qualité de sa présence, de son regard, de sa voix et de bien d'autres éléments encore – qui donnait à ses rencontres thérapeutiques une dimension affective aux effets quasi « miraculeux ». Bien avant ces paroles et au-delà de leurs références théoriques, elle a touché la petite fille dans son être, elle est allée à sa rencontre dans sa cachette. Elle a compris et soutenu l'essentiel, et la petite fille est revenue à la parole comme on revient à la vie. Elle est guérie de son symptôme et c'est admirable.

Je ne partage cependant pas l'interprétation qu'elle fait des paroles d'Isabelle et la référence œdipienne qu'elle comporte. De la puissance même de cette guérison découle une grande interrogation et son cortège de questions. Pour quoi, ou pour qui l'enfant a-t-il dû renoncer à la libre jouissance de son existence ? Qu'est-ce qui peut donc prendre la priorité sur le développement harmonieux de soi ? A-t-elle voulu que le langage verbal qui s'installe comme nouveau champ de communication avec autrui soit fondé sur la seule parole véridique ? Certainement, mais peut-être cela était-il encore antérieur, pour que soit rendue une place à l'autre, même tout petit, même « invisible à l'œil nu », comme on dit des étoiles du ciel. D'ailleurs ne sommes-nous pas en quête d'une étoile filante qui n'aura illuminé notre ciel qu'une fraction de seconde ? Ne sommes-nous pas prêts à passer de longues minutes dans l'obscurité pour en voir passer une seule ? Comme ce serait dommage de la rater, et de ne pas pouvoir le raconter pour partager ce mystère avec autrui ! Elle aurait traversé le ciel sans que nous n'ayons pu la voir, être témoin de ce qui est, ne fût-ce qu'un instant. Nombreux sont ces embryons de vie humaine dont le séjour sera de courte durée, et certains ne laisseront aucune trace, consciente en tout cas. Mais Isabelle, comme le petit Pierre, ne peut pas renoncer à ce dont elle a été témoin, elle garde en elle cet embryon expulsé, elle devient *muette comme une tombe*, comme si sa mémoire tenait lieu de sépulture à cette vie arrêtée avant même d'avoir vu le jour.

La passion archéologique nous prouve, si besoin en est, la puissance de cet attachement aux « traces » de ceux qui ont partagé notre espace de vie, fût-ce des milliers d'années auparavant… Et pourtant une telle fidélité à la trace d'une rencontre dans le présent, aussi fugitive soit-elle, a de quoi nous surprendre. Peut-être même cette fidélité sera-t-elle d'autant plus inversement proportionnelle à l'âge de l'enfant que l'engramme est profond : Isabelle était « bien petite », comme le dit Françoise Dolto… Quand commence donc cette expérience ineffable et ineffaçable du vivant, de l'autre, et de soi par conséquent ? Dès avant la naissance ?

Une place pour chacun

Il est utile de rappeler ici une autre situation thérapeutique étonnante, qui fut présentée dans la série télévisée de trois émissions, *Le bébé est une personne*, réalisée par Bernard Martino, en 1984, pour TF1. Nous y voyons le docteur Maurice Titran, pédiatre à Roubaix, qui reçoit, dans le cadre de sa consultation hospitalière, un petit garçon de 4 ans qui n'a jamais pu dormir paisiblement depuis sa naissance. Il est en proie à des idées noires, il a peur de la mort, cache des couteaux sous son lit… Ses parents sont à bout de patience et impuissants face à cette peur secrète qui s'exprime à la moindre occasion. On trouve son comportement bizarre, inquiétant, et l'on craint une maladie mentale. Un premier pédiatre a déjà déclaré forfait.

La maman raconte qu'en arrivant à l'hôpital Alexandre est passé devant la photo d'une femme avec son bébé dans les bras, et qu'il a déclaré : « Il est mort le bébé ! »

C'est un bel enfant blond qui se présente tout à fait normalement au premier abord. Maurice Titran écoute attentivement les parents et leur propose de parler du début de la vie de leur enfant. Nous découvrons la situation en même temps que le médecin puisque c'est une consultation enregistrée en vidéo, et nous voyons que l'enfant joue tranquillement hors du champ de la caméra pendant que les adultes dialoguent. Nous apprenons que, alors que la maman déclarait dans un premier temps que tout s'était bien passé : « Un beau bébé de 2,750 kg… une bonne naissance… 15 jours en avance ! », elle avait dû rester allongée 6 mois.

En effet, à de nombreuses reprises, elle avait perdu du sang dans le début de sa grossesse, et la position allongée lui avait été prescrite afin de réduire les risques de fausse couche, puis d'accouchement prématuré. À cette époque, en 1978, les échographies étaient encore rares, mais on en avait pratiqué une vers le milieu de la grossesse et les divers examens n'avaient rien révélé d'anormal, ni au niveau du bébé, ni au niveau du placenta. Après avoir demandé aux parents s'ils avaient une idée de la cause de ces saignements qui ont duré longtemps et ont été spectaculaires, le pédiatre fait une hypothèse : « Vous n'attendiez pas un seul bébé, mais deux… »

L'enfant apparaît alors dans le champ de la caméra, un gros ours dans les bras, immobile, à l'écoute de ce que dit le médecin, dans une attention particulièrement intense. Il pose alors l'ours sur le bureau et semble vouloir grimper pour se rapprocher de Maurice Titran, qui poursuit : « Vous avez probablement dû perdre un bébé. ». Le père saisit l'enfant et l'installe sur ses genoux. Il dessine et écoute le pédiatre. « Alexandre se portait très bien, mais papa et maman étaient très inquiets. Ils avaient raison d'être inquiets, mais ils ne l'étaient pas pour la bonne raison… » L'enfant vient alors s'installer sur les genoux du docteur et continue de dessiner. « Alexandre se portait très bien. Papa et maman avaient peur, mais pas d'Alexandre, de quelqu'un d'autre qui était à côté… »

« Ils ne savaient pas si c'était une sœur ou une fille… ! », ajoute l'enfant qui dessine alors sa petite sœur Émilie, l'arc-en-ciel, Goldorak, avec un couteau au milieu du ventre. « Ce quelqu'un d'autre, c'est très dur parce qu'il est parti et on ne le reverra jamais ! », précise Maurice Titran. « Et l'œuf ?… Il va craquer ! », dit alors l'enfant…

Ce soir-là, pour la première fois depuis longtemps, Alexandre dormit à poings fermés ! Varenka et Olivier Marc, psychanalystes[3], chargés d'examiner les dessins d'Alexandre, diront que l'enfant s'était libéré de la protection qu'il avait dû se donner et qui l'enfermait – un double trait noir autour de tous ses dessins. Les dessins réalisés en fin de séance feront dire à ces analystes, qui ignoraient le contenu de la consultation : « Le médecin a dû dire quelque chose que l'enfant voulait, avait besoin de dire… un avortement, peut-être ? »

Alexandre dut bénéficier encore d'un suivi thérapeutique pour se libérer de l'histoire dont il avait été le témoin impuissant et qu'il ne pouvait pas laisser tomber dans l'oubli. « Tout est mémoire », nous disent les scientifiques[4]. L'être humain pourrait-il faire exception à cette règle de tous les « règnes » de la Terre ? Si seulement nous pouvions savoir consciemment tout ce que nous portons en mémoire, est-ce que cela nous aiderait à vivre ? À vivre avec les autres, avec un savoir à partager, ou à garder indéfiniment en soi pour qu'il ne se perde pas, même au prix d'une immense solitude…

La mort a frôlé cet enfant ; peut-être a-t-il été lui-même en danger ? En tout cas, dès que le pédiatre met en parole cette histoire, Alexandre, lui aussi, semble pouvoir lui ajouter des mots et raconter ce qu'il sait désormais consciemment, dans un savoir partagé qui lui donne sa place au monde en donnant place à l'autre, pourtant absent. Alexandre *est* alors au monde, la menace vitale aussi, mais elle n'est plus enfermée en lui.

L'expérience de la mort est une initiation dans beaucoup de traditions. Qu'elle soit approchée, donnée ou vaincue, elle fait partie de l'existence et accompagne nécessairement le sentiment du vivant. Les enfants dont il a été question précédemment sont en souffrance et cette souffrance est à soulager et à partager, mais ce sont des enfants doués pour la vie, parce qu'ils en ont senti l'essence. Ce fut le cas de Françoise Dolto qui faillit mourir à 18 mois et ne survécut que grâce à l'ultime élan d'adieu de sa mère. Rappelons cette réflexion : « La précocité… je ne sais plus où c'est… à quel niveau d'âge civique il faut remonter pour comprendre… ça a l'air vraiment d'être total dès les premiers jours de la vie […] » Dès la vie aérienne ou dès le début de l'existence, y compris prénatale ?

Car l'histoire du petit Alexandre nous fait remonter bien avant la naissance, ce qui est difficilement pensable pour nous. « Notre existence est comprise entre deux *impensables* : avant la naissance et après la mort », disait Michel Casenave[5]. Mais ce qui est impensable peut cependant être « sensible ». Cette faculté subtile de l'humain nous dépasse parfois, mais elle peut être encore très vive chez certains d'entre nous, particulièrement les jeunes enfants. Elle nourrit notre intelligence affective, celle de la relation au monde et à ceux qui le partagent avec nous, à qui nous donnons place. Mais de quelle place s'agit-il ?

« Va à ta place ! », ordonne le maître à l'enfant qui se lève sans autorisation. « Maîtresse ! Il m'a pris ma place ! », se plaint l'enfant dont le camarade occupe injustement la chaise, ou l'automobiliste qui se voit devancé par un autre sur un lieu de stationnement… Y aurait-il une place définie pour chacun d'entre nous, et par qui, comme un fauteuil de cinéma réservé d'avance et que nul autre ne pourrait occuper ?

Lorsqu'un enfant vient au monde, il vient certes à la rencontre de ceux qui l'ont conçu et attendu et dont il est, tout au début, totalement dépendant, mais il vient surtout pour découvrir le monde et vivre sa vie. Son extrême dépendance des débuts pourrait nous faire croire qu'il n'attend du « bon » que de nous ; mais non, il est là aussi pour la vie et sa force irrésistible, pour le monde et son étonnante beauté. Il a besoin de notre aide pour conquérir son autonomie, mais sa grande conquête ne sera ni papa ni maman, mais la vie, sous toutes ses formes. Les tout-petits nous le montrent quotidiennement, lorsqu'ils se calment en pleine colère à la vue d'un arbre qui bouge dans le vent, d'un oiseau qui chante en passant, d'un poisson glissant dans l'eau, de la lune dans le ciel de nuit… ou d'un autre enfant !

Où se trouve donc notre place dans ce vaste univers ? Au sein de maman, sur les genoux de papa ? Certainement, mais s'ils nous gardent tournés vers eux, nous coupant de ce monde auquel nous appartenons et auquel nous sommes venus avec tant d'efforts, nous protesterons. Ceux qui portent les enfants ne doivent pas ignorer que leur place est dans la relation vivante aux autres comme partenaires et témoins de la vie. Ainsi la petite fille muette restait attachée à ce compagnon de vie très bref, avec lequel la communication avait pu être d'autant plus profonde qu'elle-même était encore un bébé dans les bras de sa mère, et donc encore totalement ouverte aux perceptions subtiles dans le contact avec son giron.

On ne doit donc pas s'étonner si, dans la justesse de ses perceptions, la petite fille proteste à l'égard des interprétations de Françoise Dolto, qui situent la question de l'avortement de la mère dans la perspective d'une éducation sexuelle de la petite fille : « Les filles, ça doit faire très attention quand ça va avec les messieurs, faut pas toujours avoir des enfants ! » Aussi me semble-t-il que cette histoire d'avortement perçu par l'enfant pose beaucoup d'autres questions, qu'il n'est pas opportun de développer ici – et qui en outre sont peut-être socialement incorrectes – autour de certaines conséquences de l'IVG, pas seulement pour les enfants aînés, mais aussi pour les mères… En tout cas lorsque la petite Isabelle dit à son père qu'« on laisse maman ! », cela ne me semble pas être l'effet d'un mouvement œdipien, mais d'un sentiment de juste place de chacune. Il y a enfin là une dame qui peut parler de « ces choses-là », de la vie et de la mort des bébés dans le ventre des mamans, alors que jusque-là c'était impossible ! La jeune femme gardait cela au fond d'elle-même. Qui sait si l'infertilité de son giron depuis sa grossesse interrompue ne signifie pas, comme le silence de la petite fille, que son ventre est devenu muet comme une tombe ? L'embarras mêlé de joie de la jeune femme lorsque Françoise Dolto commence à deviner, ses pleurs, et l'autorisation qu'elle demande à son compagnon d'« en parler » le confirment : il faut les laisser toutes les deux parler de « ces choses-là. » L'attitude de la fillette est étonnante de justesse : la maman a certainement très profondément besoin de Françoise Dolto à ce moment précis de la consultation, et dans une intimité féminine, en tête-à-tête. Il serait juste en effet que l'enfant et son père sortent…

Au décours de ce Cahier et d'une réflexion sur la jalousie de l'aîné à l'arrivée d'un autre enfant, il m'est ainsi apparu important de rappeler, en l'illustrant par des cas cliniques reconnus, la subtilité des perceptions de l'être humain qui, bien avant de rivaliser avec son frère ou sa sœur, tient à ce que « ce qui est » advienne et prenne place. Parce que celui qui s'annonce est comme déjà là, et qu'à notre insu nous lui préparons une place qui n'est destinée qu'à celui-là. Et parce que personne ne remplace personne ; pas même un jumeau ne remplace l'autre… Survivre, et surtout au détriment d'un autre, n'est pas vivre. En témoignent toutes ces biographies d'enfants dits « de remplacement » qui ne peuvent pas vivre librement tant qu'il n'est pas donné une place à l'absent. Cette notion d'enfant de remplacement est d'ailleurs une représentation ambiguë, élaborée par la psychologie contemporaine. L'adoption même de ce concept et de sa terminologie nous entraîne à concevoir l'inconcevable, à raisonner à partir d'une pathologie du sentiment, d'une confusion des êtres, ou plutôt une confusion de l'existentiel et de l'essentiel. On méconnaît – ou l'on nie – encore à ce point notre subtilité profonde qu'on en vient à craindre que l'on puisse confondre l'un et l'autre parce qu'ils se ressemblent « comme deux gouttes d'eau », ou, par exemple, parce qu'on leur a attribué le même prénom. On identifie ainsi l'être à son prénom…

Prénom et apparences : quel espace pour être soi ?

Certaines traditions transmettent les prénoms d'une génération à l'autre ou d'une génération sur deux sans craindre de confusion, dans la seule confirmation d'une filiation qui n'est pas pour autant une obligation identitaire. D'ailleurs, dans ces cultures, l'éventail des prénoms est beaucoup plus réduit que celui que nous utilisons et auquel, en quête de différence ou d'originalité, nous ajoutons des noms de plantes ou des noms par ailleurs communs. Mes deux grands-mères se prénommaient Jeanne, mais je ne l'ai compris que tardivement tant les différences de nos relations me parlaient d'elles, plus que leur prénom ! Je les appelais surtout avec mes petits noms à moi, comme le font souvent les enfants qui savent rebaptiser les leurs, et s'approprier ainsi non pas la personne civile, mais la relation privée. Nous pouvons ainsi nous adresser à un enfant, *in utero* par exemple, sans connaître ni son sexe ni son prénom. Les êtres humains qui se croisent et se sourient, au cours d'un voyage à l'étranger, n'ont pas souvent la possibilité de se demander : « Comment t'appelles-tu ? »

Lorsque nous interrogeons un petit sur le nom du bébé qui vient d'arriver dans sa famille, il se peut qu'il nous réponde : « Mon frère ! » ou « Ma sœur ! », plutôt que le prénom. La filiation et la fratrie sont des périmètres d'approche de l'individu qui vont de son humanité à son individualité et qui constituent son environnement de vie avant lui. Un bébé qui répond à notre sourire par un sourire n'a pas besoin de notre prénom ni de notre parole, mais de notre présence ouverte, sans feinte ni calcul, dans l'authenticité de notre élan humain qui s'étonne de ce que la vie peut encore nous apporter de neuf. Cela devient pourtant de plus en plus rare et difficile dans la culture qui est la nôtre : depuis l'échographie, il nous faut voir et savoir avant de pouvoir sentir *qui* est là.

Nous sommes aujourd'hui dans la culture du son et de l'image ; et nous croyons fortement qu'ils nous permettent d'être dans le réel, qu'ils nous ouvrent une intimité véritable. Ce n'est pas toujours le cas, c'est même bien souvent le contraire ; les illusions d'optique si puissantes parfois sont là pour nous le rappeler. Alors, il nous reste encore la parole ! Elle a malheureusement souvent atteint aujourd'hui un degré d'automatisme qui ne lui confère plus de dimension symbolique – celle qui relie à…, par un troisième terme – mais un caractère réflexe, même lorsque nous croyons en avoir élaboré les subtilités avec beaucoup de vigilance. Lorsque nous apprenons à parler, apprenons-nous seulement à répéter des mots, ou prenons-nous la parole, notre parole ?

Nous sommes pourtant toujours attachés à la conviction d'être compris par le langage des mots alors que l'essentiel de la communication humaine se joue en deçà ou au-delà de la parole, et en tout cas beaucoup plus précocement que nous ne pouvons l'imaginer. Frans Veldman[6] nous dit combien, dans le contexte de survie physique naturelle, « la vie dispose dès sa conception – donc dès que les gamètes se sont unis, créant un individu – d'une faculté fondamentale de perception pour explorer le monde auquel il est placé et dans lequel il doit essayer de survivre, c'est-à-dire pour détecter le Bon qui l'aide à la survie et pour éviter le Mal qui menace la vie et la survie. Cette faculté fondamentale de perception vitale est l'*hapsis*, signifiant la perception par un contact tactile, une interaction tactile et haptique directe avec le monde-de-vie environnant. *Haptô* signifie : percevoir ou saisir par les sens et le sentiment… Dès que la vie est conçue, l'*hapsis* – avec toutes les caractéristiques individuelles – est présente et active. Elle agit en rapport direct avec le monde qui entoure l'individu ; monde auquel il se voit confronté, dans lequel il doit vivre et dont il dépend… primordialement le giron de sa mère dans lequel il séjourne. La nature a attribué à l'*hapsis* – discriminant le Bon vital du Mal vital – la faculté de discerner, d'estimer et d'évaluer l'agréable, inhérent au Bon vital, en rapport avec le désagréable, inhérent au Mal vital, pour ensuite jouir, se délecter, du plaisir du Bon d'une façon sensuelle. Ainsi est-il donné à l'individu la faculté de développer une sensibilité sensorielle – sensuelle – très variée… La notion de sensualité en sa qualité de perception sensorielle très spécifique joue un rôle très déterminant et important en haptonomie et, naturellement, dans la vie humaine. »

Dans une telle perspective qui confère à la sensualité une qualité de base du discernement, et la forme d'un appétit de connaître l'autre pour le plaisir vital, la rencontre est toujours une bonne nouvelle, au sens d'une nouvelle aventure de vie. Ensuite apparaîtront probablement les effets de la « rivalité », ceux qui occupent la même « rive » du fleuve, nous rappelle Bernard This, et peuvent donc craindre qu'il n'y ait pas assez d'eau pour chacun, ou que l'un ne la pollue pour l'autre…

Avant les manifestations probables de rivalité, si l'on a permis à la « préhistoire » de la relation de s'établir et de se développer, s'inscriront des vécus de plaisirs partagés et réciproques d'une très grande valeur. Ils relieront et laisseront une trace vivante – même si celle-ci est souvent très peu consciente – que les expériences de vie en fratrie renforceront si la vie en fratrie peut se développer.

Les jumeaux peuvent, là encore, enrichir notre compréhension. Il suffit d'observer leurs jeux dans les premières années, voire dans les premiers mois de leur vie, pour constater qu'ils reproduisent souvent les situations qu'ils ont connues *in utero*. Certains jumeaux nous montrent parfois aussi, dans leurs jeux et attitudes, ce qui a pu poser problème à l'un ou à l'autre, dans leurs positions par exemple. Et si l'enfant répète quelque chose en l'actualisant ainsi, ce n'est pas au nom d'une pathologie compulsive, mais pour obtenir une aide de ceux qui se présentent à lui, afin de résoudre ce qui n'a pas encore pu être résolu : occuper chacun un espace de liberté, une juste place[7].

Lorsque Marcel Rufo, auquel Bernard This répond longuement à la fin de ce Cahier dans le « Dialogue épistolaire », parle des jumeaux dans son livre : *Frères et sœurs, une maladie d'amour*[8], il insiste sur la nécessité de les différencier. Différencier, pour nous, c'est objectiver, repérer des différences objectives, visibles surtout. Or, ce qui fonde la particularité des jumeaux, c'est justement d'avoir développé une relation communicante dans la vie prénatale et donc dans le monde qui précède le visible. Les jumeaux n'ont pas besoin de voir pour sentir, et c'est certainement une part importante de ce qui les rend parfois si malheureux dans le monde des « sans pareil » que nous sommes : nous ne savons pas ou plus prendre connaissance de l'autre et du monde ainsi qu'ils l'ont fait. Communiquer sans les repères du monde visible n'est pas au programme de l'enseignement qui leur est destiné ; l'école sera souvent pour eux une épreuve pénible, source de difficultés d'adaptation, pour au moins un des deux, celui qui fait de la résistance tandis que l'autre consent à s'adapter. Insister sur leur différenciation par des éléments rationnels et visibles, c'est induire, chez les parents d'abord, une attitude objectivante qui fait souffrir, car elle rompt l'état symbiotique relatif qui est une condition indispensable au développement du tout-petit, qu'il soit jumeau ou pas, mais à plus forte raison s'il l'est. C'est donc les projeter brutalement dans un monde qui n'est pas le leur et prendre le risque de renforcer le leur. C'est donc condamner les jumeaux à se rapprocher plus encore pour protéger leur « culture » si particulière, comme le font toutes les minorités. C'est donc les condamner à s'isoler, à constituer des associations de jumeaux, à se suffire à eux-mêmes, jusqu'à ignorer père et mère… jusqu'à fonder un empire, comme

Romulus et Remus, pourvu qu'une nourrice ait eu assez de lait pour deux, fût-ce une louve, et avant de se déchirer jusqu'au meurtre... Cette histoire-là nous montre comment l'humanisation s'y perd. Beaucoup de mythes fondateurs mettent en scène des jumeaux. Que veulent-ils nous dire ? Nous parlent-ils justement de cette force inouïe, puisée dans la vie prénatale où tout partage est possible, induisant une culture autre.

L'art de conjuguer : un modèle pour « être »

En latin, *conjugo* signifie : unir, marier. Paradoxalement, la conjugaison classe les personnes, les hiérarchise, ce qui peut compromettre leur union ! Or, l'influence de ce modèle sur notre représentation des relations me semble considérable. Lorsqu'à l'école primaire, j'ai commencé l'initiation à la conjugaison, j'ai rencontré beaucoup de difficultés à comprendre et à accepter les termes de « première personne du singulier, deuxième personne du singulier etc., première personne du pluriel, deuxième personne du pluriel, etc. » Je m'interroge aujourd'hui sur les répercussions de cette organisation hiérarchisée des personnes de la conjugaison dans notre langue, que l'on trouve aussi dans d'autres langues occidentales.

Et tout d'abord : « Je, première personne du singulier » ! C'est ainsi que nous est présentée l'histoire de la rencontre des personnes, de la relation de l'un à l'autre et aux autres, puisque conjuguer, c'est lier ensemble, relier les uns aux autres.

Nous serions donc d'abord un « je » singulier, seul et premier, au commencement, autoproclamé, auto-engendré peut-être ? Il n'y aurait pas, avant *moi-je*, une humanité aimante qui m'aurait invité en sa communauté et préparé un espace de vie ? « Que serais-je sans toi qui vins à ma rencontre ? », écrit le poète Louis Aragon, évoquant la renaissance de l'être à la rencontre de l'amour. Cette rencontre qui nous a donné vie, celle de nos parents, même si leurs personnes se sont mal accordées ; cette étreinte qui nous a conçus, elle est un pluriel, un « vous » qui nous a précédés, et peut-être, pour ceux qui se sont unis dans l'acte fécondant, un « nous d'amour »... Mais la grammaire n'ignore pas seulement le pluriel de ceux qui nous ont précédés, elle ignore aussi le singulier de cette nature qui nous anime et nous dépasse : Il ou Elle viendront après.

Je serai donc un *moi d'abord,* mais aussi un *moi tout seul.* Et toi, l'autre, *Tu* seras juste un petit peu au-dessous de moi, un peu après, une ligne plus bas, car nous ne pouvons pas être sur la même... Où vais-je donc te rencontrer ? Dans le *Nous,* première personne du pluriel, si elle est première, il n'y a qu'une personne au pluriel... C'est peut-être cela le *on,* finalement, un pluriel réduit à une personne qui se fait première et qui réduit le pluriel à elle seule...

Mais le *Nous,* celui qui assemble plusieurs personnes en un être ensemble qui n'est ni premier ni deuxième, et qui ne *Vous* exclut même pas, qui ne *Vous* met pas sur la ligne du dessous, seulement à côté... le nous de la *nostrité* [9], où est-il ? Ce *nous-ensemble* qui donne du « je » à chacun d'entre nous, sur la même ligne que vous, semblables et différents, plus ou moins proches... Ce nous, singulier et pluriel, ce nous du jeu des *je ensemble* où nul ne se confond, mais où chacun est conforté, confirmé dans son être unique, ce « nous d'amour » appartient au monde de l'affectivité, à ses subtilités sensibles et sensuelles, et non à celui de l'effectivité et de ses performances comptables, mesurables et visibles. Ce *Nous* ne s'analyse pas, car il s'éprouve et devient évidence.

Cette conjugaison-là est celle des rencontres qui nous disent que un plus un font trois, ou un, mais sûrement pas deux ! Un plus un, nous dit Bernard This, font un troisième qui n'est pas la somme de deux, qui est un autre à part entière. Ce monde auquel les enfants appartiennent avant de naître, dès leur conception, il leur est demandé de le quitter, car il est incompatible avec ce que la société va leur apprendre, et notamment à l'école. Je crois vraiment que c'est cela qui fait pleurer certains enfants le jour de la rentrée des classes et qui donne mal au ventre à certains autres, jusqu'à l'appendicite si fréquente au début de l'école primaire… Ce monde est attaché à la maison, et d'abord à la mère, mais aussi au père lorsqu'il le partage. En les quittant pour se rendre à l'école, ce n'est pas seulement de sa mère et de sa maison qu'il est séparé, mais de cet univers affectif qui ne répond pas aux mêmes lois que celles énoncées en classe. Beaucoup d'enfants préfèrent alors oublier un de ces deux mondes lorsqu'ils se trouvent dans l'autre, refuser d'y penser et de parler de l'école lorsqu'ils sont à la maison, et réciproquement. Ainsi commence à se dessiner une fracture qui coupe en deux, tout doucement, pour avoir la paix, puisque conjuguer les deux est tellement difficile…

Il faudra bien se résoudre, pour exister parmi tant d'autres, grâce aux moyens qui sont offerts, à trouver comment devenir la première personne du singulier et du pluriel, moi d'abord, même si c'est d'abord moi tout seul. Pourrais-je représenter dans un schéma les jeux subtils de la personne humaine tricotant sans cesse le *je* et le *tu* dans les relations de la vie affective ? Laissons la parole à Martin Buber[10] : « C'est l'instinct de la relation qui est primitif, c'est lui qui se creuse et se gonfle d'avance, comme la main où vient se blottir le partenaire… Au commencement est la relation qui est une catégorie de l'être, une disposition d'accueil, un contenant, un moule psychique ; c'est l'*a priori* de la relation, le TU inné. Les relations réelles sont les incarnations du TU inné dans le TU rencontré… Dans le besoin tactile (besoin d'entrer en contact d'abord tactile, puis visuel avec un autre être), le TU inné se manifeste de très bonne heure et exprime de façon de plus en plus nette la réciprocité, la tendresse… Le développement de l'âme chez l'enfant est intimement lié au développement du TU, aux satisfactions ou aux déceptions qu'éprouve cet instinct, au jeu de son activité et au sérieux tragique de son désarroi… L'homme devient un JE au contact du TU. »

Or, une communication faite d'échanges tactiles respectueux et tendres peut avoir lieu dès les premiers temps de vie, avant la naissance. Cet « *a priori* de la relation » permettrait que la rencontre affective fraternelle et parentale s'installe dans ce moule de l'être, là où une quiétude nous permet d'accueillir l'autre, au-delà de nos angoisses et de nos peurs existentielles. Dans cette présence partagée où chacun des partenaires peut être en sécurité dans l'authenticité de soi, un sentiment d'appartenance à l'humanité vient nous rappeler heureusement qu'il s'agit d'abord d'amour, et que… cela va de *soi*.

Conclusion

Tout au long de ce Cahier, face à la banalisation de la jalousie dans notre culture, nous avons recherché, dans les fondements de la nature humaine, l'élan vital tourné vers l'autre qui, s'il est respecté et sécurisé dès la vie intra-utérine, permet que la jalousie ne soit pas inéluctable. Arrêtons la fatalité de l'oracle du mythe œdipien et le moule à penser proposé chaque jour aux parents !

Laissons plutôt cette petite fille conclure, lorsque sa maman accouche d'un petit frère. Comme la naissance a eu lieu dans un endroit accueillant, la grande sœur peut venir faire la connaissance du bébé dès le jour de sa naissance. Elle arrive donc à la maternité dans les bras de son papa pour être à la hauteur de l'hôtesse qui accueille à l'entrée, et à qui elle annonce : « Mon frère ! » L'hôtesse, qui sait heureusement ce qu'accueillir signifie, dit simplement : « Oui ! Il est ici ton frère, et il t'attend ! » La petite fille s'engouffre avec son papa dans l'ascenseur où elle annonce aussi aux autres passagers que son petit frère l'attend. Elle pénètre dans la chambre, fait le tour de la pièce, se penche sur le berceau transparent et, sans surprise mais avec émerveillement, déclare : « Oh ! l'est bel le bébé ! » Puis elle grimpe sur le lit de sa maman à qui elle fait un grand câlin, comme elle l'avait fait hier en se réveillant de sa sieste. Elle semble vivre un événement qui va de soi et à quoi elle était tout à fait prête. Il va aussi de soi que le bébé prenne le sein, et qu'on ne le laisse pas pleurer sans le prendre dans les bras. Le jour du retour à la maison, elle demande à ses parents que son frère vienne dans sa chambre dans le couffin, ce que les parents accueillent comme un signe de bienvenue. Elle dépose dans le petit lit des objets familiers et bien aimés d'elle. Le soir, il peut aller dormir dans la chambre des parents sans qu'elle ne s'en étonne… Les mois ont passé sans qu'aucune régression n'ait lieu et pas davantage de signe d'animosité. Elle veille avec attention sur son frère à qui elle fait partager ses découvertes : « Regarde ta sœur », lui crie-t-elle quand elle parvient à sauter à pieds joints pour la première fois. Lorsque son frère est en difficulté ou qu'il pleure, elle vient chercher un adulte à qui elle dit : « Viens m'aider mon frère ! ». Comme elle avait réussi à ne plus porter de couche la nuit sans se mouiller, sa grand-mère lui fit un cadeau. Lorsqu'elle le reçut, elle demanda où était celui de son frère. Sa grand-mère lui expliqua qu'elle avait un cadeau pour récompenser l'effort qu'elle avait accompli et que son frère en aurait un à son tour lorsqu'il franchirait cette étape. Elle écouta attentivement et conclut : « Ah oui ! Il est encore trop petit ! »

Si sa maman avait repris son travail à la fin de son congé de maternité, il y aurait eu une place pour le bébé en crèche et une pour sa sœur à l'école maternelle. Mais la maman choisit avec l'aide de son conjoint de prolonger son congé parental et permit à leurs deux enfants de grandir ensemble, de poursuivre ce qui s'était engagé entre eux dès la grossesse et de se découvrir, de se donner place mutuellement avant que les nécessités éducatives ne les séparent. C'est aussi ce qui a permis à cette petite fille de développer ses talents personnels dans une atmosphère familière où elle a osé faire l'expérience de ses intuitions et de ses élans dans la relation au bébé. Elle a pu vivre sa nature féminine dans l'intimité proche de sa mère, de son père, et du bébé qui sollicitait sa sensualité maternelle déjà à l'œuvre.

En fait, cette enfant a grandi dans le sentiment de soi et de l'autre depuis les premières semaines de sa vie prénatale, dans le respect de ce qui est juste, au sens de la justesse autant que de la justice. Elle a développé un discernement très fin et une empathie naturelle qui lui permettent toujours actuellement de sentir ce qui advient et de s'y adapter, d'une façon non consciente et cependant sensée. Elle chante parfaitement juste, ce qui n'est pas étonnant puisqu'elle sait écouter la mélodie de l'autre depuis sa conception, et que la reproduire n'est qu'une réponse analogique, expression première de la vie affective, comme nous l'avons vu. Cette petite fille n'est pas une exception, elle n'est ni surdouée ni précoce : c'est une enfant qui grandit harmonieusement et humainement. Elle illustre ce que d'autres praticiens constatent comme moi, lorsque nous recevons des enfants bien accompagnés, dès leur conception, par des parents éveillés, eux aussi, à la nature de leur bébé dans le développement de son intelligence affective.

L'enfant, qui a été ainsi bien accueilli et respecté dans ses besoins fondamentaux, les reconnaît chez un plus petit et transmet tout simplement la présence attentive dont il a été non pas seulement l'objet, mais aussi le sujet : cela, pour lui, va de soi – de soi vers l'autre. Le développement de l'enfant dans le respect de son être, et dans la continuité du sentiment d'être soi, lui permet de ne pas envier ce qu'il n'est plus ou ne reçoit plus… mais qu'il a été et dont il conserve en lui l'expérience vivante, support de son empathie naturelle. Ce sentiment vivant de complétude permet d'accueillir sans envie ce qui n'est pas soi, dans l'attraction qu'exerce cette différence, dans la curiosité et non dans l'angoisse. C'est ainsi que la fameuse angoisse du neuvième mois n'apparaît pas chez ces enfants : ils ont depuis longtemps, dès leur vie intra-utérine, fait la différence entre ce qui est familier et ce qui ne l'est pas, et ont pu déjà développer une attitude confiante ou prudente selon les situations, mais sans angoisse devant l'inconnu.

Nous avons tort d'accepter comme repères dans le développement de l'enfant des phénomènes qui ne sont en fait que les conséquences de l'incompréhension de sa nature véritable et de nos pratiques éducatives. Nous avons tort de nous être habitués à considérer les souffrances de la jalousie comme les étapes d'un développement normal. C'est une compensation à notre impuissance et à notre ignorance que de dire que la jalousie entre frères et sœurs serait non seulement banale, mais bonne pour leur santé psychique. C'est ignorer que l'éducation que répand notre culture entretient une rivalité inutile et malsaine, non seulement entre enfants, mais aussi entre adultes. À force d'interroger exclusivement les relations parentales et d'y trouver à coup sûr la source de tous nos maux, nous risquons tout simplement d'oublier d'interroger notre culture et son fonctionnement global…

Peut-être pouvons-nous espérer faire travailler et évoluer sensiblement le tissu social en permettant aux enfants de découvrir, en le faisant vivre au quotidien, ce qu'il y a de plus intelligent en eux : l'élan vital qui ne saurait se diriger sans l'invitation vivante et candide de l'autre. Cet autre, présent sans rien demander, mais qui attend tout, en nous prêtant le meilleur, qui nous confirme la bonté de notre être d'un simple sourire, c'est ce bébé que nous avons tous été et qui laisse en nous une nostalgie ineffable : celle de l'incroyable confiance en l'autre et en la vie qu'il nous a fallu pour venir au monde. Encore faut-il ne pas la laisser perdre, et ne pas laisser les peurs de la haine fratricide continuer à se projeter dans notre culture.

Dialogue épistolaire

Porte-parole du GRENN, ce Cahier n° 3 occupe un espace privilégié dans la collection « Naître, grandir, devenir », pour tisser des liens avec tous ceux qui se sentent concernés par la problématique de la jalousie lorsqu'un autre enfant entre dans la famille. Des positions différentes viennent d'émerger, ouvrant des voies inattendues, insoupçonnées : la jalousie n'est pas inéluctable si, dès sa vie prénatale, on a su donner à l'enfant le sentiment de sécurité si essentiel à son développement, mais encore si méconnu.

Hélène Sallez et Bernard This invitent tous les lecteurs intéressés à poursuivre cette réflexion lors des prochaines Journées d'études du 17-18-19 octobre 2005, « Naître, grandir, se construire : la bien-traitance interrogée », *qui se tiendront à l'Espace Reuilly, 21, rue Hénard, Paris XIIe. Renseignements : Association Bien-traitance, formation et recherches, Danielle Rapoport, 15-17 rue de Bièvre 75005 Paris.*

Dès à présent, écrivez-nous vos réactions, vos témoignages, vos suggestions sur ce Cahier, et sur les lectures que nous voulons partager avec vous sur ce thème.

Bernard This a lu: **Frères et sœurs, une maladie d'amour** *de Marcel Rufo (Fayard Poche, 2002)*

Ah ! Ces Marseillais ! L'introduction de ce livre passionnant commence par : « *Je suis un enfant unique avec sept frères et sœurs d'adoption* »... Une seule sardine peut boucher le port de Marseille, que le lecteur ne l'oublie pas ! L'auteur a trouvé une famille d'accueil suffisamment nombreuse pour satisfaire un enfant unique, très jaloux de son oncle, frère jumeau de sa mère qui entretenait avec elle une proximité encombrante. « *Allô ! Louise, j'ai fait un mauvais rêve. Allô ! Louis, moi aussi.* »

Quand sa mère lui annonce que son frère et elle ont fait un mauvais rêve et qu'ils ont rendez-vous quelques heures plus tard pour en parler, le petit Marcel se montre furieux, comme d'habitude, estimant que ces jumeaux auraient dû bénéficier depuis longtemps d'un suivi psychothérapique afin d'éviter qu'à près de soixante ans ils cèdent toujours à ces comportements infantiles et immatures : « Toute mon enfance a été bercée par le mystère de la gémellité qui n'a cessé de m'irriter davantage avec le temps, comme si, en tant qu'adolescent, je devais m'opposer... à la fraternité gémellaire de mon oncle et de ma mère... Quand Louis prend la nationale 7 pour éviter les dangers de l'autoroute, mais en descendant de sa voiture bute contre le trottoir et se retrouve par terre avec une fracture du fémur, Louise passant rue Alezard, ayant glissé de tout son long et s'étant fait une entorse au genou, Marcel les retrouve dans la même chambre d'hôpital dans des lits jumeaux, l'un plâtré, l'autre en extension : "Alors, tu ne crois pas à nos mauvais rêves ?" ».

Le ton du livre est annoncé et nous sommes prêts à tout accepter de son auteur tant il complète les différents points de vue développés dans ce Cahier, mais qui sont à l'opposé ! Nous le suivrons de Félix à Sophie, pour comprendre ce qui se joue entre frères et sœurs : « Quand les parents ont pris le risque d'avoir plusieurs enfants, pensant qu'ils pourront les aimer tous de la même manière, et que ceux-ci, avec un même patrimoine génétique, seront identiques… intimement persuadés que leurs enfants, nés dans l'amour, s'entendront parfaitement, les parents vivent dans l'illusion… Je suis désolé de leur dire que c'est une erreur. »

Pour Marcel Rufo, la famille se construit sur une relation affective imposée, et « le partage est un élément important de la constitution de la fratrie. Partager l'amour des parents est pratiquement impossible ; mais « pour les objets, c'est tout aussi difficile ». Les parents ayant la manie de confondre partage et don – deux notions très différentes – il est évident que « la fratrie ne favorise pas le don, mais le partage, qui est une acceptation sociale. Les parents disent toujours : « Tu dois donner à ton frère puisque c'est ton frère… Si seulement ils pouvaient assister à l'ouverture de leur testament, ils verraient que ce n'est pas aussi simple que cela… »

Les parents, en consultation, évoquent toujours les mêmes symptômes : « Il est jaloux de sa sœur… Ils passent leur temps à se chamailler… Notre vie de famille est un enfer ! » On ne choisit pas ses frères et sœurs. Ils nous sont imposés par les parents. Il est évident que d'avoir un frère ou une sœur, c'est d'abord se trouver face à un(e) rival(e)… Mais pour Marcel Rufo, les parents ne doivent pas oublier, même dans les moments difficiles, que la rivalité, c'est aussi la compétition qui aide les enfants d'une même fratrie à grandir. Il nous invite alors à l'accompagner dans la clinique des relations fraternelles difficiles, faisant le pari que ces histoires évoqueront en nous des souvenirs intimes… « Justement, à propos d'intimité, laissez-moi vous confier une réflexion de ma fille Alice : "Je veux un frère ou une sœur, mais je voudrais toujours rester la plus petite…" »

Lecteurs, nous accompagnerons un instant notre joyeux enfant unique, devenu pédopsychiatre, travaillant alors à Marseille dans un institut médico-pédagogique. Il reçoit les parents d'un enfant handicapé et « apprend que ce garçon a une sœur cadette de 21 mois qui va pour le mieux… Ses progrès sont fulgurants comparés à ceux de son aîné ». Je voudrais ici souligner qu'il est préférable d'éviter d'employer les termes de *cadet* et d'*aîné* pour des enfants de sexe différent et de leur préférer grand frère ou petite sœur : on éviterait ainsi des identifications non conformes au génie de chaque sexe. J'observe en psychothérapie que chaque fois qu'un cadet veut s'identifier à un aîné d'un autre sexe, il risque d'être en difficulté dans son évolution sexuée. On peut être l'aîné des garçons en étant le petit dernier de dix sœurs nées avant soi ! Mais revenons à Marcel Rufo : « Avant même de naître, le petit deuxième commence à perturber la belle tranquillité à trois. Pratiquement, dès sa conception, se pose la question de savoir comment annoncer la nouvelle au futur aîné. Preuve que, aux yeux de beaucoup de parents, cette intrusion dans la famille n'est pas forcément une bonne nouvelle pour tout le monde. Les parents qui ont vécu cette histoire lorsqu'ils étaient enfants, n'en gardent pas toujours un merveilleux souvenir [...] ». Tous les parents s'inquiètent des conséquences de l'arrivée d'un nouveau-né… « Ils s'interrogent sur le fait que l'aîné puisse leur en vouloir d'un tel "cadeau".

Les aimera-t-il moins qu'avant ? D'expérience, ils savent que l'amour est un sentiment difficile à partager ». D'ailleurs eux-mêmes se demandent s'ils aimeront ce nouveau bébé autant que le premier et s'ils seront capables de ne pas éprouver de préférence. La naissance d'un enfant dans une famille ravive toujours des bons et des mauvais souvenirs. « Le passé est une terre fertile où naissent bien des fantasmes ».

Ils m'ont fait ça ! Aujourd'hui, pour Marcel Rufo, les ennuis de l'aîné commencent de plus en plus tôt. « Lorsque l'échographie et l'éducation sexuelle n'existaient pas, seuls quelques signes infimes lui laissaient supposer qu'il se passait quelque chose au sein de la famille... Maintenant, c'est assis dans le canapé du salon, entre papa et maman, qu'il découvre ou plutôt devine sur une photo l'ombre de celui ou celle qui va bouleverser leur vie à trois. C'est au petit déjeuner que sa mère se lance dans des histoires rocambolesques de petites graines... Tout est déjà décidé, c'est une fille, c'est un garçon, et il (elle) sera là dans quelques mois ! L'enfant devient un aîné sans que ses parents lui aient laissé le temps d'en rêver... À mes yeux, l'échographie est le premier instrument de malheur dans une vie d'aîné. Si jusqu'alors il pouvait toujours espérer que sa mère ne soit pas enceinte, maintenant il en a la preuve, il est en proie à l'inquiétude voire au désarroi ! À cet égard, les enfants qui vivent les situations les plus perturbantes sont ceux qui sont conviés à assister à l'examen échographique de leur mère. Cette initiative touche à l'impudeur, car la grossesse appartient à la mère et, pour moi, la participation à cet acte médical peut être interprétée comme incestueuse. Elle peut aussi placer les parents dans une position délicate si l'échographie révèle une anomalie : que dire à l'enfant qui assiste à l'examen ? ».

Néanmoins, poursuit Marcel Rufo, « la préparation de celui-ci à la naissance de son cadet est indispensable, car l'effet de surprise est toujours traumatisant. L'aîné doit être rassuré sur l'amour de ses parents : moins il doutera de leur capacité à aimer deux enfants à la fois, moins il se sentira anxieux. Pour l'aider à comprendre qu'il est aimé et qu'il le restera, faites-lui revivre le temps où il était bébé. » Ces récits représentent l'une des meilleures prises en charge psychologiques... Pourquoi ne pas poser, à côté de l'image échographique du bébé, les photos des dernières vacances, celles où l'aîné était enfant unique ?

Devenir un grand. L'arrivée du petit frère ou de la petite sœur, obligeant l'enfant à se penser « grand », certains enfants refusent vivement ce statut imposé et manifestent leur souffrance en refusant de grandir ; leur croissance s'est interrompue quand, éloignés de leurs parents, ils ont compris « qu'il fallait être petit et malade pour rester, près d'eux. » La crainte d'être moins aimé quand le bébé sera là peut faire place à la certitude que « plus on grandit, plus on est aimé » ; plus on est malin, plus papa et maman vous apprécient et sont fiers de vous. « Les enfants de deux ou trois ans pensent qu'ils ont "la plus jolie des mamans du monde" et "le plus fort, le plus gentil de tous les papas", mais c'est l'âge de rentrer dans la période œdipienne, le moment où se mêlent des sentiments d'amour et de haine qu'aucun enfant ne vit dans le calme... Il lui est alors insupportable de penser qu'il va devoir partager cet amour avec un autre, qui sans être là, occupe tant ses parents. »

Quel tableau ! Tout se passe ici comme si ni l'aîné ni le bébé ne peuvent bénéficier, dans la période prénatale et à leur naissance, d'un accueil affectif tel qu'un sentiment de sécurité les habite constamment et les apaise. Tout se passe comme si tout aîné était inéluctablement privé de la possibilité de s'identifier à un père accueillant, parlant au bébé, le contactant affectueusement tout en faisant sentir à l'aîné son amour. L'aîné, s'il a été ainsi lui-même accueilli comme on le voit dans un accompagnement haptonomique par exemple, est animé des souvenirs heureux de sa propre rencontre pré et postnatale avec ses parents. En lui permettant de s'adresser à son tour à un petit bébé *in utero* qui n'est pas très gênant, sa mère continue de lui apporter les câlins dont il a besoin et lui témoigne ainsi de son amour. Mais pour notre Marseillais plein d'humour, « la venue d'un nouvel enfant ne peut être que catastrophique » ! D'ailleurs, il semble toujours à l'aîné que « les câlins et les histoires au coucher sont plus courts et prodigués avec moins de conviction depuis que l'autre est là. Devenir aîné à trois ans, c'est dur, très dur ! »

Une conclusion s'impose alors : « Avoir un frère ou une sœur, ce n'est pas de tout repos. Aucun enfant ne pense qu'il a beaucoup de chance de partager sa chambre ou ses jouets ; seuls les parents le croient. Il s'agit d'une vision idyllique née dans la tête des adultes, voire d'une pensée conjuratoire, visant à s'assurer qu'ils ne seront pas tenus pour responsables d'une rivalité fraternelle qu'ils auraient favorisée en ayant un second enfant. »

José est un bel enfant sympathique et bon élève. Il est même question de le faire passer du CP en CE2. Seulement voilà, à table... sans être anorexique, il mange peu, et surtout n'accepte d'avaler que certains aliments, manifestant ainsi la rivalité qui l'oppose à son jeune frère. « Il cherche par ce moyen à capter l'attention de sa mère dont il estime qu'elle s'occupe beaucoup trop de son cadet... Ne cessant d'embrasser son "bébé chéri de maman", cette mère raconte à qui veut bien l'entendre que ce nouvel enfant est sa dernière chance d'être maman, puisqu'elle a dépassé la quarantaine. »

Ainsi, pour Marcel Rufo, le cadet est toujours un intrus, au sens étymologique du terme : il pénètre dans la vie de l'autre, il arrive en plus, et « la jalousie est un sentiment réactionnel naturel. Partager l'affection de ses parents est impensable, voire irréalisable. L'aîné, âgé de trois ou quatre ans, met alors au point une stratégie grâce à sa pensée déjà bien élaborée. La solution : redevenir aussi petit que le petit, afin que la lutte pour le cœur de ses parents soit plus égale ». Les premières expressions de jalousie, si elles sont mal comprises ou trop sévèrement réprimandées, peuvent conduire l'aîné à dissimuler ses affects afin de n'être pas exclu de l'affection de ses parents et de la douceur de la vie familiale. « Je conseille toujours aux parents de le laisser dire ce qu'il a sur le cœur. La jalousie est un sentiment si naturel qu'il faudrait plus s'inquiéter des aînés qui ne manifestent aucune agressivité vis-à-vis de leurs rivaux que de ceux qui l'expriment ouvertement. Les faux passifs, les muets refoulés explosent toujours un jour avec brutalité. » Que faire alors ? « Ces comportements gênants se soignent tout simplement par la tendresse, l'enfant ayant besoin d'être rassuré quant à l'amour que lui portent ses parents [...] »

Mais est-ce possible sur ordonnance ? Et là où nous ne le suivons plus aussi aisément, c'est quand nous lisons qu'« avoir trois ans et être en devenir de fraternité représente un véritable cataclysme intérieur, une incitation à la rivalité fraternelle qui conduit beaucoup d'enfants chez le psychologue ou le pédopsychiatre. Heureusement, les dernières statistiques sur la natalité sont réjouissantes : elles montrent que l'écart entre les naissances a tendance à s'agrandir pour se situer entre quatre et cinq ans ».

Y aurait-il un écart d'âge idéal ? Oui, pour Marcel Rufo : « La différence d'âge idéale entre les enfants d'une même famille est de six à sept ans. L'organisation qu'apporte à l'aîné la période œdipienne lui permet de s'identifier avec plus d'assurance au rôle parental. Les pulsions agressives cèdent alors la place à la tendresse… Les six ou sept années qui séparent les frères et les sœurs donnent au premier le temps de jouir du statut d'enfant unique. Il profite aussi de cette période pour gagner son autonomie, il en savoure les avantages à l'arrivée du second ».

Les injonctions du type « au moins sept ans d'écart entre deux enfants » paraissent sans fondement, nous écrit Claude Suzanne Didierjean-Jouveau (coauteur de notre Cahier n° 2 : *Comment dorment les bébés, Pour ou contre le sommeil partagé*). Mais elle souligne combien deux enfants très rapprochés – « avoir deux enfants en couches ! » – peut être problématique, tant pour les enfants que pour la mère, comme en témoigne le livre très intéressant de Violaine Géritault, *La fatigue émotionnelle et physique des mères. Le burn-out maternel*, Odile Jacob, 2004. Le plus âgé, en particulier, risque de se trouver par la force des choses « éjecté » de sa place de bébé, à un âge où il a encore de grands besoins de « maternage proximal » – contacts, portage, allaitement. On risque de le considérer comme « un grand », et d'exiger de lui qu'il se comporte comme un grand alors qu'il est encore si petit… Nous la rejoignons ici. Mais en réponse à Marcel Rufo, pour nous, ce n'est pas l'écart d'âge qui importe : c'est la sécurité éprouvée, la certitude d'être aimé. L'essentiel, c'est cette présence affective des parents qui savent encourager et sécuriser leur enfant !

Éloge de la jalousie, titre Marcel Rufo : pour lui, il est tout à fait normal de jalouser une autre personne, d'envier sa beauté, sa finesse, ses talents, ses réussites amoureuses... La jalousie est le ciment du narcissisme et de l'image de soi. C'est par elle que chacun de nous se construit. Elle aiguillonne le désir de savoir et stimule la recherche de soi, puisque soi ne sera jamais l'autre, puisque « soi » doit vivre au côté de l'autre. La jalousie est le moteur de toute compétition : le jaloux, tourmenté par le succès d'autrui veut l'égaler, le supplanter.

À ce point d'éloge de la jalousie, nous ne pouvons plus l'approuver ! Nous proposons aux lecteurs de poursuivre cependant la lecture des chapitres qui suivent, dont la richesse clinique les passionnera. Mais lorsqu'il conclut son ouvrage en questionnant : « Qu'est-ce que la fratrie ? », et qu'il réfute la définition décevante du *Larousse* : « ensemble des frères et sœurs d'une famille », pour nous proposer la sienne, si belle, nous nous retrouvons d'accord : la fratrie, c'est « la fraternité autour d'un souvenir partagé ».

Peut-être, sans le savoir, Marcel Rufo nous parle-t-il alors de ce partage dont Hélène Sallez nous dit dans ce Cahier qu'il unit au lieu de diviser, parce que les relations d'amour permettent à chacun de multiplier ses propres énergies en aidant les autres à multiplier les leurs ?

C'est bien ce dont témoigne Taïeb Ferradji.

Partager pour unir : du compte... au conte

Le Docteur Taïeb Ferradji, attaché au CSTT Boucebci de l'Hôpital Avicenne à Bobigny (Service du Pr. Marie-Rose Moro), a introduit par un joli conte africain sa conférence au Colloque de Marseille (24-25-26 Novembre 2004), consacré à « *La bien-traitance, de l'aube de la vie aux premières séparations* »[1]. Il commence comme la fable de La Fontaine : « Le laboureur et ses enfants », et n'en est pas très éloigné ! Écoutons la voix du griot :

Un vieil homme, sentant sa fin prochaine, fit venir ses trois fils et leur parla ainsi : « Je n'ai pas de grands biens à vous léguer, mes fils. J'ai juste ces onze chameaux. À toi, l'aîné, j'en donne la moitié ; au second, je te donne le quart de ces onze chameaux, et à toi, mon dernier fils, j'en donne le sixième [...] »

Comment se départager et réaliser cet impossible partage ? Désemparés, les trois fils allèrent consulter le vieux sage d'un village, très demandé, et attendirent avec patience le conseil qu'il ne manquerait pas de leur prodiguer. Hélas ! Après avoir longuement réfléchi, il reconnut ne pas trouver de solution à leur problème. Mais, leur dit-il : « Vous avez fait un long voyage et attendu longtemps pour me voir. Je vous offre mon vieux chameau, il se joindra aux onze autres ». Sur le chemin du retour, les trois fils comprirent : le partage devenait facile avec douze chameaux ! L'aîné en prit six, le cadet en prit trois, le dernier deux. Il en restait un, celui justement donné par le vieux sage : ils retournèrent sur leur pas, et le lui rendirent...

Au regard de la science

C'est enfin avec plaisir que, tout en rédigeant ce Cahier, nous avons pris connaissance de la traduction de Jacqueline Henry du livre de Willy Pasini, *La gélosia, La jalousie,* aux Éditions Odile Jacob. Au même moment paraissait l'article de Christine Harris, intitulé « Comment naît la jalousie ? » dans le numéro de mai 2004 de l'excellente revue *Pour la science.* Cela signifiait pour nous qu'une revue scientifique pouvait se pencher sur la même problématique que celle qui nous interrogeait au GRENN, et bien que cet article, comme le livre de Willy Pasini, soit essentiellement centré sur la jalousie de l'adulte, nous nous y sommes arrêtés : dans tout adulte, nous savons que souffre encore l'enfant qu'il a été.

En fait, cette lecture nous confirme le chemin qu'il reste à parcourir pour que la diffusion scientifique sur ce thème sorte des « modules » – innés, neuronaux, comportementaux ! – pour aborder le véritable problème de la prévention de la jalousie chez les humains, et pour s'ouvrir à des chemins différents « des autoroutes de la science » dénoncés par Boris Cyrulnik, des chemins où nous trouverons des réponses aussi bien-traitantes qu'inattendues.

Que nous dit, en résumé, cet article très documenté ? Le jour de la Saint Valentin 2003, Clara Harris avait été condamnée à vingt ans de prison pour avoir tué son mari après l'avoir surpris dans un hôtel avec sa maîtresse. Christine Harris n'a pu que se demander d'où venait une telle jalousie, quels en étaient les mécanismes et comment elle pouvait engendrer une telle violence.

Dans une courte introduction, Christine Harris exprime sa position : la jalousie n'aurait pas été sélectionnée au cours de l'évolution pour que l'homme défende la transmission de ses gênes et que la femme s'assure le soutien logistique de son compagnon. Elle proviendrait d'un mécanisme psychologique plus général, lié au sentiment de menace, et non pas limité au seul contexte sexuel.

Les psychologues ont constaté que la jalousie était plus marquée dans les sociétés qui accordent une grande importance au mariage et ne tolèrent les relations sexuelles que dans le cadre conjugal, ainsi que dans les sociétés où la propriété constitue une valeur essentielle. Mais pourquoi certaines personnes éprouvent-elles une jalousie extrême à la moindre incitation alors que d'autres semblent moins sensibles ? Depuis les années 1990, les psychologues veulent appliquer les théories de l'évolution de Darwin au comportement humain. Selon cette hypothèse évolutionniste, la jalousie se serait développée chez nos ancêtres, car elle procurerait un avantage adaptatif. Selon David Buss, de l'université d'Austin, un ensemble de circuits cérébraux contrôle nos réactions émotionnelles face aux menaces qui s'exercent au cours de relations sexuelles. Un *module inné* neuronal prédisposerait naturellement les hommes à la jalousie en cas d'infidélité *sexuelle* de leur partenaire et il rendrait jalouses les femmes quand leur partenaire commettrait une infidélité *affective*.

Si les hommes et les femmes réagissent avec tant de différences, ce serait parce que, il y a des centaines de millions d'années, hommes et femmes étaient confrontés à des risques différents. « À cette époque, la menace qui pesait sur un homme trompé était grave : si sa compagne avait un enfant d'un autre homme, il devait nourrir une progéniture qui, génétiquement, ne lui était pas apparentée, et travaillait ainsi au déclin de son propre capital génétique. La sélection naturelle aurait favorisé les hommes qui se défendaient contre l'infidélité pour favoriser leurs propres gênes, c'est-à-dire les mâles qui ressentaient une intense jalousie. » Les femmes n'auraient pas subi cette pression puisqu'elles sont sûres de transmettre leurs gênes à leurs enfants. Mais elles couraient le risque que leur compagnon consacre ses efforts à une autre femme et aux enfants de cette rivale. Les femmes qui auraient développé un mécanisme psychologique inné, sensible à l'infidélité *affective*, auraient été favorisées. Les théoriciens du *module inné* se fondent sur les nombreuses enquêtes menées auprès d'étudiants : on leur demande d'imaginer que, dans le cadre d'une relation sentimentale, leur partenaire a une relation *sexuelle* avec quelqu'un d'autre, ou en tombe *amoureux (se)*, puis on leur demande quel type d'infidélité les contrarie le plus. Aux États-Unis, 40 à 60 % des hommes considèrent que l'infidélité sexuelle est la plus perturbante, tandis que plus de 70 % des femmes estiment que l'infidélité affective est la plus grave. Mais contrairement aux Américains, les Européens ou les Asiatiques qui considèrent que l'infidélité sexuelle est plus grave sont moins nombreux : 20 à 30 %. Si les différences entre sexes étaient liées à l'existence de ces « modules cérébraux spécifiques du sexe », on pourrait, en retirant au sujet la possibilité de réfléchir, observer un accroissement de la différence entre hommes et femmes. Cette contrainte n'a pas modifié les réponses masculines, mais les réponses féminines ont été modifiées dans le sens d'une plus grande jalousie en cas d'infidélité sexuelle. Par ailleurs, les psychologues ont présenté des vidéos d'infidélité sexuelle ou affective ; curieusement, la différence entre sexes s'estompe, voire s'inverse. Ainsi, des différences existent entre hommes et femmes, mais rien n'est démontré en ce qui concerne les différences innées, même si on enregistre la pression sanguine, le rythme cardiaque, l'activité électrique de la peau.

En s'intéressant aux comportements violents engendrés par la jalousie, Christine Harris cite Martin Daly et Margot Wilson (Canada), qui avaient montré que les hommes coupables de crime passionnel sont plus nombreux que les femmes. Mais des études plus précises ont montré que sur 5 225 meurtres, dans une vingtaine de pays différents, on ne constatait aucune différence liée au sexe ! Richard Felson, à New York, étudiant 2 060 meurtres, enregistrés dans 33 grandes zones urbaines des États-Unis, avait montré que les femmes commettent deux fois plus de crimes passionnels que les hommes. Pour Christine Harris, « tout bien considéré, en analysant les crimes passionnels, les cas de jalousie morbide et les situations réelles d'infidélité, nous ne constatons aucune différence liée au sexe qui plaiderait en faveur de l'existence d'un module inné spécifique du sexe. » De même, les anthropologues ont montré la grande variabilité interculturelle dans ce domaine, et l'on peut non seulement remettre en cause l'explication évolutionniste, mais aussi l'avantage adaptatif conféré par la jalousie. Les éthologues aboutissent aux mêmes conclusion : la diversité des comportements de fidélité, de partage des tâches et des territoires, est considérable d'une espèce à l'autre, voire dans une même espèce, mais l'observation de cette diversité est passionnante et riche d'enseignements pour notre propre espèce, en particulier dans notre compréhension de l'inné et de l'acquis.

Si les émotions ont à la fois une forme primaire neuronale façonnée par l'évolution et une forme élaborée culturellement, les théories qui considèrent la jalousie comme un mécanisme psychologique général rendent mieux compte des différences interculturelles, en dehors du cadre strictement sexuel. Selon Christine Harris, « elles permettent aussi l'étude de la jalousie entre frères et sœurs, entre amis, ou entre collègues, ces émotions qui naissent dans différents contextes étant souvent similaires. Il est même possible qu'à l'origine la jalousie ait évolué en dehors du contexte de l'accouplement, et qu'elle soit née de la concurrence d'enfants d'un même couple qui se disputent les ressources procurées par leurs parents ».

La rivalité entre frères et sœurs est fréquente dans le monde animal : « Chez plusieurs espèces d'oiseaux qui ont des couvées de deux petits, telle l'aigle noir, celui qui éclôt le premier tue l'autre. Nous devrions étudier les rivalités chez les jeunes animaux pour préciser les origines de la jalousie chez l'homme ». Justement, dans notre espèce, les observations des enfants se sont centrées sur la jalousie au moment où un nouveau-né arrive dans une famille. L'enfant plus âgé, souvent encore jeune, manifeste des émotions négatives et ses parents semblent moins attentifs qu'avec le nouveau venu : ils jouent moins souvent avec lui, entrant plus souvent en conflit. Ces changements de comportement des parents blessent l'enfant… On sait quelle réponse Hélène Sallez donne à ces constats dans ce cahier !

La jalousie n'est pas uniquement dirigée contre le frère ou la sœur : dès qu'un parent porte son attention vers un autre enfant, quel qu'il soit, ses propres enfants réagissent : « Des enfants de moins de 6 mois qui n'ont ni frères ni sœurs se montrent plus contrariés quand leur mère joue avec une poupée que lorsqu'elle s'intéresse à un jouet quelconque. Plus tard, les enfants âgés de huit mois s'efforcent de distraire leur mère pour qu'elle cesse de s'intéresser à un autre enfant. »

La revue *Pour la science* consacrera bientôt un espace à ce Cahier pour envisager la poursuite de cette réflexion. Quelles sont les conditions qui permettraient la *prévention* des troubles, voire des ravages, liés à la jalousie ? Pour nous, ce sont avant tout celles qui nous invitent à *être prévenants* envers les parents, les enfants et tous ceux qui les entourent, en œuvrant pour un monde plus apaisé.

Enfin, Claude-Suzanne Didierjean-Jouveau, dans la suite de notre Cahier n° 2 sur le sommeil des bébés, nous écrit sur le doudou.

À propos du « doudou » : l'objet transitionnel est-il obligatoire ?

De nos jours, il semble quasi obligatoire pour un petit d'avoir un « objet transitionnel » : un doudou, couche en tissu, bout de tissu quelconque, nounours ou autre peluche, etc. ou un « geste transitionnel », essentiellement le fait de sucer son pouce. Dans tout lieu de garde qui se respecte, on insiste sur l'importance de cet objet ou de ce geste. À la limite, un enfant qui n'en aurait pas à l'arrivée s'en verrait imposer un, dare-dare ! Et pourtant, combien de mères pratiquant un maternage « proximal » (allaitement long, portage, sommeil partagé, séparations moins précoces et moins nombreuses qu'en moyenne) ont constaté une absence de doudou.

Le professeur Lebovici avait été interrogé en 1994 par la revue *Allaiter aujourd'hui* sur le fait de savoir si, selon lui, l'objet transitionnel était ou non un stade obligé du développement de l'enfant. Pour lui, « l'objet transitionnel n'est pas une obligation, l'enfant n'a pas forcément besoin de se consoler de l'absence de sa mère ». Dans *Les Rituels du coucher de l'enfant, variations culturelles* (ESF éditeur, 1993), Drina Candilis-Huisman écrivait quant à elle : « De gré ou de force, [l'enfant] doit se taire et dormir, ou c'est sa propre mère que la rumeur de la rue désignera du doigt. Est-ce pour lutter contre l'éloignement qu'on leur impose de cette façon, que les enfants de notre culture ont un recours si fréquent à ce que nous connaissons aujourd'hui sous le nom d'objet transitionnel ? »

Une étude est venue récemment confirmer son hypothèse. Afin de recruter des parents pratiquant l'*attachment parenting* (allaitement à la demande, sevrage naturel, sommeil partagé, portage, réponse aux pleurs de l'enfant), un questionnaire a été inséré dans un numéro d'une revue internationale prônant ce style de maternage, *The Compleat Mother*. 275 mères ont renvoyé le questionnaire rempli. Leur âge moyen était de 34 ans, elles habitaient principalement les États-Unis et le Canada, et étaient majoritairement blanches, mariées et diplômées. 91 % ont dit pratiquer l'*attachment parenting*, 89,1 % avaient allaité exclusivement, et la plupart ont dit donner le sein à l'enfant pour le réconforter en cas de besoin. L'âge moyen du sevrage était de 35,8 mois, avec un étalement qui allait de 1 à 90 mois.

On a demandé aux participantes si leur enfant avait ou avait eu un objet transitionnel. Les réponses proposées étaient : aucun, pouce ou autres doigts, peluche ou poupée, couverture, sucette ou partie du corps de la mère. 48,7 % des mères ont dit que leur enfant les utilisait, elle, la mère, comme « objet de câlin ». Pour 40 %, il s'agissait du sein pendant la tétée, et pour 8,7 % d'une autre partie du corps maternel (cheveux, visage...). Seuls 18,2 % des enfants utilisaient un objet transitionnel traditionnel (doudou, sucette ou pouce), ce qui est un chiffre très bas : des études faites dans une population occidentale standard révèlent des taux d'utilisation d'objet transitionnel allant de 50 à plus de 60 %.

Cette étude définissait la « *high contact mother* » (mère pratiquant le contact avec l'enfant à hautes doses) par quatre conduites : allaitement au sein, allaitement à la demande, sommeil partagé, endormissement dans les bras ou au sein. 211 mères (76,7 %) ont dit les pratiquer. Quand les quatre conduites n'étaient pas réunies, les enfants utilisaient statistiquement plus souvent un objet de transition traditionnel. On trouvait une relation significative entre l'âge du sevrage et le type d'objet utilisé. Les enfants qui en avaient un traditionnel étaient sevrés plus tôt que ceux qui n'en avaient pas, et ceux qui utilisaient le sein comme objet transitionnel étaient sevrés plus tard que ceux qui utilisaient une autre partie du corps de la mère.

Cette étude confirme celle de Hong et Townes qui avaient trouvé, en 1976 déjà, que seulement 18 % des enfants coréens, plus susceptibles d'avoir dormi avec leur mère et d'avoir été allaités longtemps, étaient attachés à un objet de transition. En 1981, Litt, puis Lozoff en 1984 et Wolf et Lozoff, en 1988, semblent indiquer que les enfants dormant seuls et devant s'endormir seuls ont plus tendance à utiliser un objet de transition que ceux qui dorment avec leur mère et s'endorment dans ses bras. Cela accrédite l'idée selon laquelle l'utilisation d'un objet transitionnel n'est pas universelle et n'est pour l'enfant qu'une façon de s'adapter aux pratiques de ses parents. Dans leur conclusion, les auteurs s'interrogent sur une possible hiérarchisation des objets transitionnels. Les bébés qui seraient soutenus et réconfortés par leur mère dans les moments de stress (sensation de faim, endormissement, réveils nocturnes) auraient tendance à ne pas les utiliser, ou à utiliser le sein. Les bébés qui devraient apprendre à se réconforter seuls dans ces moments-là développeraient un attachement soit à un objet externe comme un nounours ou une couverture, soit à une partie du corps comme le pouce ou une mèche de cheveux.

Que doit-on en penser ?...

Et pour continuer à nous instruire, à approfondir nos réflexions et nos échanges dans ce domaine, on pourra lire *Dodo, bébé, do, le sommeil du tout-petit :* ce prochain numéro de la revue Spirale (Éditions Érès), sera coordonné par le Dr Jacky Israël, pédiatre et vice-président du GRENN, coauteur du Cahier n° 2 de Naître, grandir, devenir *: Comment dorment les bébés ? Pour ou contre le sommeil partagé* (Éd. Belin).

Références bibliographiques

Chapitre 1

1. « Les Belles Lettres », I, VII, Paris 1925.
2. This B., *La Maison Verte, pour un autre accueil de l'enfant,* Belin, à paraître.
3. Dolto F., « La boutique verte : histoire d'un lieu de rencontres et d'échanges entre adultes et enfants », in *Enfants en souffrance,* F. Dolto, D. Rapoport, B. This, Éd. Stock/L. Pernoud, 1982.
4. *Les contes de la vallée du Nil.*
5. This B., *Naître et sourire,* Aubier-Montaigne, 1975, p. 169.
6. Lacan J., « Les complexes familiaux dans la formation de l'individu », in *Autres écrits,* Le champ freudien, Le Seuil, 2001.
7. Lacan J., « L'agressivité en psychanalyse », in *Écrits,* Le champ freudien, Le Seuil, Paris, 1966.
8. Lacan J., *op. cit.,* p. 114.
9. Lacan J., *op. cit.,* 11 février 1959.
10. Dolto F., « Hypothèse nouvelle concernant les réactions de la jalousie à la naissance d'un puîné », *Revue* Psyché, 1947, n° 7-9-10.
11. Dolto C., « Dialogue haptonomique pré et postnatal, sécurité affective et développement », in *Que savent les fœtus ?,* Érès, 1997, et *L'haptonomie : un entretien avec Catherine Dolto,* vidéocassette, diff. Anthea, 83 006 Draguignan, Cedex.
12. This B., *La psychanalyse, science de l'homme en devenir,* Casterman, 1960.
13. This B., *Le père acte de naissance,* Le Seuil, 1980.
14. Dolto F., *L'échec scolaire,* Éd. Vertiges du Nord, 1989, Press Pocket, 1990, p. 55-66.
15. Rey A., (sous la direction de), *Dictionnaire historique de la langue française,* Le Robert, 1999, p. 4150.
16. Lacan J., « Du regard comme sujet petit *a* », in *Séminaire XI, Les quatre concepts fondamentaux de la psychanalyse,* Le Seuil, 1973.
17. Lacan J., *L'éthique, Séminaire,* mai 1960, Le Seuil, 1986, p. 248.

18. LACAN J., *Encore, Séminaire XX,* Le Seuil, 1975, p. 85.
19. CYRULNIK B., *La naissance du sens,* « Pluriel » n° 891, Hachette, 1995.
20. CHAOUAT G., « Le placenta : un paradoxe immunologique, l'allogreffe fœtale », *in* Bouchart A., Rapoport D., This B., (sous la dir.), Délivrances ou le placenta dévoilé, *Les cahiers du nouveau-né,* n° 8, 1989, Stock/L. Pernoud.

Chapitre 2

1. ISRAËL J., « La nuit est à vous : le point de vue d'un pédiatre », *in* C. DidierJean-Jouveau, J. Israël, J. McKenna, *Comment dorment les bébés ? Pour ou contre le sommeil partagé,* Belin, 2004.
2. ISRAËL J., *Bébé pleure, laisse le pleurer,* collection « Même pas vrai », Érès, 2004.
3. VELDMAN F., *Haptonomie, Science de l'affectivité,* PUF, 1989, p. 226-27.
4. VELDMAN F., *op. cit.*
5. SALLEZ H., « Grossesse et parentalité, affectivité et intimité », « Sécurité de base et confirmation affective : de la parole tenue à la parole donnée » *in* Actes du Congrès du Syndicat national des médecins de P.M.I. (SDNPMI), 1989 et 1990.
6. BEGOIN J., « Entre la violence de la passion et les mystères de l'amour », Colloque de Barcelone : *La création du sens dans l'expérience analytique, mystère, turbulence et passion,* 2002.
7. VELDMAN F., *op. cit.*
8. VELDMAN F., *op. cit.,* p. 576.
9. HUGO V., « Ce siècle avait deux ans », *Les feuilles d'automne,* Gallimard poche, 2002.
10. MARTINO B., *Le bébé est une personne,* vidéocassette, TF1 production, 1984.
11. VELDMAN F., *op. cit.,* p. 103.
12. RAPOPORT D., « Pourquoi le placenta dévoilé ? », *in* Délivrances, *Les cahiers du nouveau-né* n° 8, Stock/L. Pernoud, 1989.
13. FRESCO O., *Entendre la douleur du nouveau-né : aux confins de l'oubli,* Belin, 2004.
14. SALLEZ H., « L'angoisse : qu'est-ce que ça veut dire ? » in *L'enfant du possible,* (sous la direction de Nathalie Calmé), Albin Michel, 1989.

Chapitre 3

1. LAPLANCHE J., PONTALIS B., *Vocabulaire de la psychanalyse,* PUF, 1988.
2. DÉCANT D., « À la recherche de la sécurité perdue de l'enfant : pour une approche haptonomique de la sexualité infantile », in *La sexualité « oubliée » des enfants,* sous la direction de Simon-Daniel Kipman et Danielle Rapoport, Stock/L. Pernoud, 1995.
3. BALMARY M., *L'homme aux statues. Freud ou la faute cachée du père,* Grasset, 1982.
4. SALLEZ H., « La sexualité du couple dans l'attente de l'enfant », in *Être à deux ou les traversées du couple,* coll. « Espaces libres », Albin Michel, 1998.

5. NAOURI A., *Les pères et les mères*, Odile Jacob, 2004.
6. BEGOIN J., « Le complexe d'Œdipe selon S. Freud et M. Klein, éclairé par le devenir soi », conférence, Faculté de psychologie et de sciences de l'éducation, Lisbonne, janvier 2001.
7. REVARDEL J.-L., *L'univers affectif. Haptonomie et pensée moderne*, PUF, 2004, chap. 5.
8. CYRULNIK B., *Sous le signe du lien*, Hachette, 1989.
9. Ce mot n'existe pas dans la langue française : quel dommage, quelle lacune dans l'étude des comportements parentaux !
10. DOLTO F., *Tout est langage*, Vertiges/Carrère, 1987, LGF, 1989.
11. VELDMAN F., *op. cit.*, chapitre 2.
12. LACHAUD D., *Jalousies*, Denoël, 1998.
13. THIS B., *Le père acte de naissance*, Le Seuil, 1980.
14. VELDMAN F., *Haptonomie, amour et raison*, PUF, 2004.
15. SPITZ R.-A., *De la naissance à la parole. La première année de la vie*, PUF, 1968.
16. HUGO V., *op. cit.*

Chapitre 4

1. RAPOPORT D., « La sexualité de l'enfant et l'amnésie infantile : quel enseignement ? », *in* S. D. Kipman, Rapoport D. (sous la dir. de), *La sexualité « oubliée » des enfants*, Éd. Stock/L. Pernoud, 1995.
2. DOLTO F., *Lorsque l'enfant paraît*, 3 tomes, Le Seuil, 1977-1979.
3. PLATON, *Le Banquet, « Integral-Phylo », Nathan, 1998.*
4. MOREL Cinq Mars J., *Quand la pudeur prend corps*, PUF, 2002.
5. FREUD S., *G.W.*, XIV, p. 24.
6. THIS B., *Le père acte de naissance, op. cit.*
7. CHOPPY É., *L'annonciation*, AGEP éditeur, 1991.
8. KRISTEVA J., Clément C., *Le féminin et le sacré*, Stock, 1998.
9. THIS B., *Neuf mois dans la vie d'un homme*, InterEditions, 1994.
10. THIS B., *Naître*, Aubier-Montaigne, 1972, p. 268.

Chapitre 5

1. CORONEL. E., DE MEZAMAT A., *Françoise Dolto*, 3 vidéocassettes, Abacaris Films, Éditions Montparnasse, et DOLTO F., *Dialogues québécois*.
2. RAPOPORT D., « Que dire ? Quand le dire ? Parler pour ne rien dire… », Table ronde avec Françoise Dolto et René Clément, *in* Origines, *Les cahiers du nouveau-né*, n° 7, Stock, 1985.
3. MARC O. et V., *Premiers dessins d'enfants, les tracés de la mémoire*, Nathan, 1992. Nouvelle édition complétée : *L'enfant qui se fait naître*, Buchet-Chastel. 2001.

4. RAPOPORT D, *La sexualité de l'enfant et l'amnésie infantile : quel enseignement ?* », op. cit.

5. CAZENAVE M., « Y a-t-il un sens à la vie ? », *Colloque du Groupe d'Études C.G. Jung de Paris,* sous la direction de H. Reeves, et P. Solié, 1984.

6. VELDMAN F., *Haptonomie, amour et raison.* », *op. cit.*, p 37-38.

7. DOLTO C., « Génération, espoir et souffrance », in *Souffrances, quel sens aujourd'hui ?* Érès, 1992.

8. RUFO M., *Frères et sœurs, une maladie d'amour,* Fayard Poche, 2002.

9. VELDMAN F., *Haptonomie, science de l'affectivité,* PUF, 1998, p. 418.

10. BUBER M., *Je et Tu,* Aubier, 1969.

Dialogue épistolaire

1. Actes du Colloque : Association Anthéa, 7, Place aux Herbes, BP 219, 83006 Draguignan CEDEX. Tél. : 04 94 68 98 48. Courriel : anthea@club-internet. fr

Glossaire

Accompagnement pré-et postnatal haptonomique. L'accompagnement pré-et postnatal haptonomique a pour projet de permettre au père et à la mère de développer leur subtilité pour prendre connaissance de leur enfant grâce au contact affectif établi le plus tôt possible alors que le bébé est dans le giron de la mère. C'est l'émergence du sentiment d'individualité de l'enfant. La qualité des échanges, pleins de tendresse et de respect, nourrit la relation affective, donnant à l'enfant et à ses parents force et courage, intelligence aussi, pour aborder ensemble les événements de l'existence. Cette *sécurité de base* ouvre la confiance réciproque, fondement de l'autonomie et de la joie de vivre ensemble.
La présence du père est indispensable, car elle permet à l'enfant de prendre sa place précocement. Cest lui qui soutient la mère et l'entoure d'une protection que l'enfant peut percevoir et qui inscrit la relation triangulaire dans le réel partagé. Il est le représentant du monde extérieur auquel il initie son enfant pendant la grossesse et au moment de sa naissance.
L'accompagnement postnatal est indispensable, car il représente la continuité d'une promesse donnée à l'enfant avant la naissance.
L'intimité affective et la profondeur émotionnelle de ces vécus rendent l'accompagnement pré-et postnatal haptonomique impossible en groupe et exigent de l'accompagnant un très grand respect. (Hélène Sallez)

Affectivo-confirmant. Un contact est affectivo-confirmant quand il permet à la personne « approchée » de développer sa « sécurité de base ». « Confirmant », venant du *firmus* latin, c'est ce qui rend ferme et solide.

Attachement, détachement. Selon les biologistes, l'attachement du petit à sa mère serait valorisé et le détachement apprécié. Or, il est évident que la « *Prägung* », le phénomène d'empreinte, permet au petit de reconnaître sa mère *ou* son père (*cf.* le film *La Marche de l'Empereur* où les parents reconnaissent leur petit à sa voix, même après une longue absence). Quand le père, après la naissance de l'enfant, le tient à une certaine distance du corps maternel pour lui faire vivre sa verticalité triomphante, dans l'accueil des autres, il s'agit d'une « ouverture à l'autre », verticalisée, plus que d'un détachement. (B. This)

Bien-traitance. Il s'agit d'un néologisme dont la définition n'est pas encore dans les dictionnaires, et il faut s'en réjouir, car il risquerait de devenir un mot « passe-partout », un label ou un slogan vide de sens, alors qu'il nécessite encore nombre de réflexions fécondes !

Le terme de « *bien-traitance* », ainsi orthographié, a pris naissance, au début des années 90, au sein du comité de pilotage de l'« Opération pouponnières », coordonné depuis 1978 par Marie-Jeanne Reichen, que le Bureau de l'enfance et de la famille réunit régulièrement au ministère sous l'égide de la Direction générale de l'action sociale. Ce groupe de travail s'était trouvé rapidement confronté aux situations difficiles des professionnels accueillant de très jeunes enfants, victimes de carences et de mauvais traitements, séparés de leur famille défaillante, et élevés en collectivité à un âge où leurs besoins exigent une attention très individualisée. Au début des années 1990, le syndrome du *burn out* était sur toutes les lèvres, plus souvent en anglais que dans sa traduction française d'*usure et d'épuisement professionnel.* Conformément à la loi, le premier rapport national sur l'enfance maltraitée fut présenté au Parlement en 1992 : la maltraitance n'était plus de la seule compétence des professionnels de santé et concernait les décideurs politiques comme l'ensemble des citoyens. Il était grand temps que le mot même de *maltraitance,* qui restait un néologisme, entre dans nos dictionnaires, du *Larousse* au *Petit Robert.* Ce fut chose faite entre 1992 et 1994. Dans notre comité de pilotage, l'idée fit alors son chemin de ne plus se laisser envahir par le découragement et par les facteurs en jeu dans les situations de maltraitance, certes de mieux en mieux identifiés, mais très complexes. Au-delà de la poursuite de notre mobilisation dans ce domaine, le besoin se faisait de plus en plus sentir de rechercher des supports positifs de *bien-traitance* – il y en a toujours – sur lesquels on pouvait prendre appui.

Bien-traiter, c'était en effet faire émerger les potentialités, les compétences enfouies et les ressources propres à tous les professionnels concernés auprès de jeunes enfants et de leurs parents. C'était, malgré des séparations ou des ruptures, respecter la continuité du développement de l'enfant dans son histoire et l'aider à construire son identité dans la sécurité affective et l'épanouissement de toutes ses compétences. Dès 1996, la *bien-traitance institutionnelle* va s'inscrire dans l'élargissement même de l'Opération pouponnières, de la naissance à l'âge de raison, car pour reprendre l'expression de Marie-Jeanne Reichen : « [...] la *bien-traitance* des plus vulnérables d'entre les siens est l'enjeu d'une société toute entière, un enjeu d'humanité ».

Depuis, toute personne concernée par l'enfance cherche à concrétiser et généraliser cette idée particulièrement fédératrice afin qu'elle ne reste pas dans le secteur spécifique de l'Aide sociale à l'enfance ou dans une mouvance trop utopique. On assiste aujourd'hui à l'aventure naissante de la bien-traitance, et nous sentons déjà profondément que cette notion implique bien autre chose que la seule éradication de toutes les maltraitances répertoriées !

En témoignent, en septembre 2001, les Premières Assises de l'enfance bien-traitée sous la direction de Francisca Flamand, et, en novembre 2003, la Conférence des ministres européens responsables de l'enfance : « *Prévenir la maltraitance, promouvoir la bien-traitance : une ambition européenne* ». On en a trouvé, en novembre 2004, un important prolongement lors de la semaine nationale des Droits de l'enfant, où nous avons rendu compte des résultats de l'appel à contributions du ministère de la Santé, « *Enfant bien traité, adultes bien traitants* », auquel il a été largement répondu, comme en témoigne le livret publié par la Direction de l'action sociale : « Des initiatives de bien-traitance », et plus récemment la création de l'Association *Bien-traitance, Formation et recherches : naître, grandir se construire* (www.bientraitance.com). Bien-traitance, n'est-ce pas justement ce que tout enfant est en droit de recevoir en tant que *sujet* de droits ? Ce terme, jusqu'ici utilisé surtout par les philosophes et les psychanalystes, dit bien que tout enfant, en tant qu'individu unique et en devenir, a besoin d'être respecté dans ses besoins et ses désirs spécifiques, et en tant que partenaire actif de son développement et de son histoire. Aussi la bien-traitance recouvre-t-elle actuellement une démarche qui tisse autour de l'enfant une trame subtile, faite de cohérence, de continuité, de projets, mais aussi du soutien à la parentalité de son père et de sa mère, et de l'accompagnement des professionnels en difficulté qui l'entourent. Issu des luttes et des avancées de ce dernier quart de siècle en faveur de l'enfance, le concept de bien-traitance implique un engagement plus large et d'une autre nature que les stratégies mises en place pour mieux repérer les maltraitances à leur source. Cette nouvelle notion réintroduit la dimension de la tendresse et de l'émerveillement que tout enfant est en droit d'attendre pour grandir dans la confiance en soi et en l'autre, dans le désir d'apprendre, de découvrir, de se construire. (Danielle Rapoport)

Contenante. Qui permet de contenir et de se sentir contenu, soutenu.

Couvade. Rite qui s'impose à l'homme quand la femme est enceinte : interdit de consommer tel ou tel animal, obligation de s'allonger au moment de la naissance de l'enfant, tout en recevant voisins et famille (cf. *Le père acte de naissance*, Le Seuil, 1980, ch. VI).

Dyade. Ensemble de deux éléments ou réunion de deux principes complémentaires.

Engrammé. Ce qui est inscrit dans le cerveau par un événement du passé individuel. L'engrammation peut être positive (agréable) ou négative (stressante).

Énurésie. Le fait d'uriner dans son lit (en + urésie, action d'uriner). On parle illégitimement d'enfant « énurétique », mais on devrait dire « énurésique », car le « diurétique », c'est ce qui fait uriner.

Gelosie. Jalousie en ancien français. La « *gelosia* » en italien.

Haptonomie. Frans Veldman, son fondateur, définit l'haptonomie comme une science humaine qui met en évidence des phénomènes liés à la vie affective. Ces phénomènes sont reproductibles et vérifiables et constituent le fondement de l'existence, les aptitudes et facultés dont peut disposer une personne (enfant ou adulte) pour se développer et développer sa présence aux autres et au monde. C'est dans un contact psychotactile, qui ne saurait être assimilable au « toucher », que la personne contactée peut se sentir affermie existentiellement et confirmée dans le « bon » qu'elle porte en elle et représente pour l'autre. C'est à partir de cette sécurité affective qu'elle peut s'épanouir et oser prendre l'initiative de sa place au monde, disposant librement de ses talents et dons innés, et donnant aux échanges avec les autres une créativité singulière. *Hapto* vient du grec et signifie : « J'entre en contact tactile, je réunis, j'entre en relation pour rendre sain, entier, pour guérir. » Nomie vient aussi du grec *nomos* qui signifie : la règle. Frans Veldman a donc élaboré une pédagogie de ces facultés affectives innées, et il l'a transmise à ses élèves : aux Pays-Bas d'abord, puis en France. Il était venu chez nous prendre sa retraite, mais certains chercheurs (dont une partie de l'équipe des *Cahiers du Nouveau-Né*) l'ont découvert et sollicité pour qu'il leur enseigne le fruit de ses nombreuses années de recherches. C'est un « *art d'être ensemble* » qui s'applique à toutes les relations d'accompagnement, d'aide et de soin, durant la vie entière, de la conception jusqu'à la mort. (Hélène Sallez)

Haptopsychothérapie. Elle s'adresse à des personnes souffrant de malaise existentiel, psychique et affectif, nécessitant une thérapie ou un accompagnement ponctuel. C'est sur la base du contact affectif confirmant et d'un éprouvé de sécurité fondamentale que pourra se développer chez la personne, en toute confiance, dans la prudence et la transparence de la présence du thérapeute, un authentique désir de vivre et un plaisir d'être au monde, expressions de *la libido vitale* ainsi mobilisée. Cette restauration ou instauration de la santé psychique permet alors au patient (enfant ou adulte) de partager sa découverte avec son environnement de vie. (Hélène Sallez)

Impérissablement. Adverbe créé à partir de « impérissable ». Qui ne peut périr, c'est-à-dire mourir (aller jusqu'au bout – *per-ire*).

Malencontre. Mauvaise rencontre, selon le *Littré*, qui signale que ce mot était masculin. Si la malencontre (1174) est devenu archaïque, l'adjectif malencontreux est usuel, en parlant d'une chose malvenue.

Maturante. Ce qui fait mûrir, parvenir à maturité.

Objectivante. Manipulation du corps comme s'il n'était qu'un objet.

Oraculaire. Qui concerne la parole de l'oracle.

Psychotactile. Un contact affectif, non objectivant, tient compte du *psuchon*, c'est-à-dire du souffle de la personne approchée.

Puîné. Le cadet, le *post natus* en latin, est celui qui est né après. L'aîné est donc l'*ante natus*, celui qui est né avant.

Rapter. Le rapt est un enlèvement illégal, mais le verbe « rapter » est absent du dictionnaire alors qu'il est d'usage familier, au propre et au figuré.

Sadiser. Le dictionnaire ignore curieusement ce verbe qui indique le fait d'infliger à l'autre souffrance et humiliation.

Sororité. Relation des sœurs entre elles. La fraternité ne devrait désigner que la relation des frères entre eux. Sommes-nous tous frères ? Non, puisque nous sommes frères *ou* sœurs.

Triade. Groupe de trois personnes ou choses. Si le chiffre trois a tant d'importance, c'est parce que l'existence d'un enfant implique *ipso facto* celle de son père et de sa mère : 1+1 = 3 dans notre logique affective.

Table des matières

Imprimé en France par Dumas-Titoulet Imprimeurs à Saint-Étienne
N° d'édition : 003768-02 - Dépôt légal : novembre 2005
N° imprimeur : 43181